ANTJE KAPEK
MIT
ANNA MAAS

Macht und Müdigkeit

ANTJE KAPEK

MIT
ANNA MAAS

Macht und Müdigkeit

EINE ÜBERFÄLLIGE KRITIK UNSERER POLITIK DER SELBSTAUSBEUTUNG

Die Ereignisse in diesem Buch sind größtenteils so geschehen wie hier
wiedergegeben. Für den dramatischen Effekt und aus Gründen des Perso-
nenschutzes sind jedoch einige Namen und Ereignisse so verfremdet
worden, dass die darin handelnden Personen nicht erkennbar sind.

MIX
Papier | Fördert
gute Waldnutzung
FSC® C014496

Penguin Random House Verlagsgruppe FSC® N001967

Inhalt

Vorwort

Im Leben einer Spitzenpolitikerin gibt es keine Pausen. Ich habe dieses Leben lange geführt und kann sagen: Das Rad dreht sich immer weiter. Das politische Geschäft beginnt jeden Tag aufs Neue sehr früh am Morgen – und endet sehr spät.

Politikerin zu sein ist natürlich aufregend, erfüllend und voller Chancen, die Welt ein kleines bisschen besser zu machen. Aber das geht nur, wenn noch Kraftstoff im Tank ist. Sobald dieser aufgebraucht ist, rollt es sich langsam aus ... bis zum Stillstand. Das gilt übrigens nicht nur für Politiker*innen, sondern für alle Menschen.

Die Kunst besteht also darin, die eigenen Kraftreserven zu schonen und regelmäßig aufzufüllen, bevor die Erschöpfung droht. Diese Erkenntnis ist nicht besonders überraschend oder neu, aber unsere Gesellschaft ist nicht darauf ausgelegt, dass wir sie ernst nehmen und Maßnahmen ergreifen, um uns selbst zu schützen. Die meisten von uns glauben, immer weiter auf Hochtouren fahren zu müssen, weil es ihr vorläufiges Überleben sichert oder weil sie gelernt haben, dass es normal ist und dazugehört. Letzteres ist vor allem in der Politik ein weit verbreiteter Glaubenssatz. Aber wer ständig am Limit arbeitet, kann keine guten Entscheidungen treffen. Das können wir gerade für unsere Politik nicht wollen. Denn wer verpasst, eigene Grenzen zu respektieren, wird diese überschreiten und damit sich selbst und schlimmstenfalls sogar anderen schaden.

Im Februar 2022, genau zwei Tage vor Beginn des grauenhaften Angriffskrieges von Russland auf die Ukraine, habe ich meinen Rücktritt als Fraktionsvorsitzende der Grünen Fraktion im Berliner Abgeordnetenhaus erklärt. Nach zehn Jahren als Spitzenpolitikerin war das keine einfache Entscheidung. Doch die Erschöpfung war zu groß und der Wille, mich dem permanenten Kampf zu stellen, erloschen. Ich hatte meine menschlichen Bedürfnisse wie Schlaf, Erholung, Durst oder Hunger viel zu lange ignoriert. Meine Selbstbeherrschung und Routinen unterdrückten grundlegende Gefühle wie Wut, Trauer, Schmerz oder Angst. Mein Alltag bot kaum Platz für Familie und Freundschaften. Und für diesen nahezu unmenschlichen Arbeitseinsatz, den ich Tag und Nacht erbrachte, fehlte dann auch noch die Wertschätzung. Ich konnte nicht mehr. Aber vor allem wollte ich nicht mehr.

Die Wochen nach meinem Rücktritt waren in vielerlei Hinsicht hart für mich. Gerade noch 24/7 im Dauereinsatz, im nächsten Moment das absolute Nichts. Ich war eine Hochleistungspolitikerin auf kaltem Entzug, die von einem Moment auf den anderen zu Hause saß und nicht wusste, wie sie mit der plötzlichen Stille umgehen solle. Gleichzeitig schrieben mir Hunderte von Menschen Nachrichten voller Zuspruch und Anerkennung für diesen Schritt, den die wenigsten Menschen gehen würden beziehungsweise gehen könnten. Sie schienen meine offene Kommunikation zu schätzen und erzählten mir, dass es ihnen auf die eine oder andere Art ganz genauso ginge wie mir – auch wenn ihr Leben eigentlich ein ganz anderes war. Meine ehrliche Erklärung zu den Gründen meines Rücktritts gab ihnen das Gefühl, nicht allein mit ihrer Überlastung zu sein. Auch die Interviewanfragen der Presse rissen nicht ab. Bis heute melden sich Journalist*innen von Magazinen, Podcasts und Fernsehformaten und wollen mit mir über Themen wie Stressmanagement, Leistungsgesellschaft, Erschöpfung und Work-Life-Balance sprechen – und natürlich über die Hintergründe meines Rücktritts.

Am Anfang erschien mir das Interesse noch normal. Doch nach einigen Monaten stellte ich den Journalist*innen die Frage, warum sie immer noch Artikel darüber schreiben wollten. Ich dachte, dass die Geschichte mittlerweile »ausgelutscht« sei. Die Antwort war immer die gleiche: »Wir müssen darüber sprechen, weil es uns allen so geht. Weil es ein wichtiges Thema in unserer Gesellschaft ist.«

Das ließ mich aufhorchen. Ich stellte mir die Frage, warum immer mehr Menschen von Erschöpfung und Journalist*innen sogar von einer »erschöpften Gesellschaft« sprachen.[1] Ich suchte nach Ursachen für dieses Phänomen und nach Antworten auf die Frage, was wir dagegen tun können und welche politischen Möglichkeiten es gibt, diesen Ursachen entgegenzuwirken. Damit war die Idee für dieses Buch geboren.

Ich habe spätestens in den Wochen und Monaten nach meinem Rücktritt verstanden, dass der Grund für meine Erschöpfung nicht individuell, sondern systemisch ist. Die gute Nachricht: Politik kann Systeme ändern. Das zu tun, ist mein Anspruch.

Das Ergebnis halten Sie in Ihren Händen. Dieses Buch ist keine Biografie, kein Mental-Health-Ratgeber und auch keine wissenschaftliche Abhandlung. Es ist der Blick einer Politikerin hinter die Kulissen des Systems mit dem Wunsch, Veränderung zu bewirken. Es ist der Versuch, persönliche Erfahrungen und Beobachtungen mit Studien abzugleichen und brauchbare Schlüsse daraus zu ziehen. Diese sind mit Sicherheit nicht abschließend und erheben keinen absoluten Anspruch auf Vollständigkeit, doch ihr Ziel ist es, eine breitere politische Debatte anzuregen. Eine Debatte, die nachhaltige Veränderung zum Besseren in unserer Gesellschaft anstoßen kann. Konstruktives Feedback ist deshalb ausdrücklich erwünscht und willkommen.

Bevor wir nun loslegen, möchte ich noch einige Begrifflichkeiten erläutern, die uns auf den folgenden Seiten immer wieder begegnen werden.

Wenn ich in diesem Buch über »Frauen« und »Männer« spreche, meine ich damit keine unveränderbaren biologischen Geschlechter, sondern soziale Konstrukte, verbunden mit stereotypen Zuschreibungen der Geschlechter auf das binäre System. Durch diese Orientierung an Stereotypen, kulturellen Standards und gesellschaftlichen Normen entsteht eine (un-)bewusste »Inszenierung«, die bei der Betrachtung als »weiblich« oder »männlich« gelesen wird. Diese Lesart entspricht dabei nicht unbedingt der Geschlechtsidentität der Person. Denn es gibt bekanntermaßen nicht nur zwei Geschlechter, weshalb wir uns grundsätzlich davon verabschieden müssen, von »der Frau« und »dem Mann« zu sprechen.[2]

Ich habe mich dennoch dafür entschieden, genau diese Begriffe und entsprechende Konstellationen in den Blick zu nehmen, gerade weil sie in unserer Gesellschaft als vermeintliche »Norm« gelten. Tatsächlich ist es ein Problem, dass das heteronormative, monogame Familienkonstrukt stets als Grundlage für Studien genutzt wird und somit kaum wissenschaftliche Untersuchungen zu alternativen Modellen vorhanden sind. Somit bildet bereits die Studienlage nicht die gesamte Vielfalt unserer Lebenswirklichkeit ab. Jede Familie ist anders, Voraussetzungen und Umfelder sind unterschiedlich. Ich verwende diese Formulierungen (»Familie«, »Mann«, »Frau«), um zu zeigen, wie sie von unserer Gesellschaft mit Bedeutungen gefüllt werden – und wie auf dieser Grundlage Diskriminierungen, Ungleichheiten und Ungerechtigkeiten entstehen und weitergeführt werden. Denn es geht mir darum, die strukturellen Standards, die überhaupt erst zu unserer Wahrnehmung führen, kritisch zu hinterfragen, um die Problematik zu erkennen und Lösungsansätze definieren zu können.

Alle Anekdoten aus meinem persönlichen und beruflichen Umfeld sind zudem natürlich anonymisiert und wenn nötig fiktionalisiert, um keine Rückschlüsse auf bestimmte Personen zuzulassen, denen diese Darstellungen gegebenenfalls schaden könnten.

Ich wünsche Ihnen nun viel Spaß und hoffentlich viele Erkenntnisse und Gedanken beim Lesen,

Ihre Antje Kapek

Status Quo
Der drohende
Kollaps

Teil

Interview im Krankenhaus – Grenzüberschreitungen als Normalität

Gleichmäßig pulsiert der Herzschlag meines ungeborenen Kindes auf dem CTG, bis das Klingeln meines Handys das Gerät übertönt. Ich befinde mich im Vorraum des OP-Saals eines Krankenhauses und werde gerade auf die Geburt vorbereitet, als ich den Anruf entgegennehme.

Ein Redakteur eines Radiosenders ist dran: »Hallo Frau Kapek, können wir Ihnen ein paar Fragen bezüglich der Müllproblematik bei Großveranstaltungen im Tiergarten stellen?«

»Klar«, antworte ich routiniert. Und dann gebe ich wenige Minuten vor der Geburt meiner Tochter ein Radiointerview.

Das war 2013. Nur etwa eine Stunde nach dem Interview hielt ich mein zweites Kind im Arm. Es erschien mir völlig normal, buchstäblich bis zur letzten Minute der Schwangerschaft zu arbeiten. Noch fünf Tage vor der Geburt hatte ich acht Stunden in der sengenden Hitze am Brandenburger Tor gesessen, um den damaligen amerikanischen Präsidenten Barack Obama zu hören, der zu Besuch in Berlin war. So ein historisches Ereignis verpasst man ja nicht.

Ich war zu dieser Zeit nicht einmal ein Jahr lang Fraktionsvorsitzende der Grünen im Berliner Abgeordnetenhaus. Im Oktober 2012 wurde ich in dieses Amt gewählt – genau einen Tag später erfuhr ich, dass ich wieder schwanger war. Wäre die Reihenfolge andersherum gewesen, wäre ich vermutlich nie Fraktionsvorsitzende geworden. Die Balance zwischen den Herausforderungen der Mutterschaft und der Verantwortung im Job ist nicht nur in der Politik ein Thema, das mit einem andauernden Kampf verbunden ist und regelmäßig in Frust und Enttäuschung endet.

Doch ein Zurück oder gar Aufgeben war keine Option. Ich wusste: Ich will das unbedingt – irgendwie bekommen wir das schon hin. Und das haben wir auch. Allerdings nur, weil ich einen sehr engagierten und verantwortungsvollen Partner habe, der mir bis heute regelmäßig den Rücken freihält und große Teile der Care-Arbeit übernimmt. Doch selbst mit diesem Support war mir damals noch nicht vollständig klar, was es bedeuten würde, ein Baby, ein Kleinkind und meine Leitungsfunktion unter einen Hut zu bekommen.

Nur einen Tag nach der Geburt meiner Tochter holte mich die Arbeit im Krankenhaus ein. Es mussten Entscheidungen getroffen, Verträge unterschrieben und die Arbeitsfähigkeit der Fraktion gewährleistet werden. So wie die Kapitänin nicht von Bord des Schiffes gehen kann – auch nicht für die Geburt eines Kindes –, so muss auch im Politikbetrieb jeden Tag Kurs gehalten werden. Tagespolitik wartet nicht und nimmt keine Rücksicht auf persönliche Umstände. So wurde das Krankenhausbett zum Büro umfunktioniert: In den folgenden Tagen führte ich von dort aus Telefonate, schrieb Dutzende von Mails und beantwortete Messenger-Nachrichten. Alles, während ich gleichzeitig am Tropf hing und körperlich wie psychisch einiges zu verarbeiten hatte.

Für mich war so ein Verhalten völlig normal und auch in meinem Arbeitsumfeld fand es niemand seltsam, dass ich mir keine Pause gönnte. Im Gegenteil: Es kam eher die Frage auf, wann ich denn endlich wieder im Büro sei. So war ich geradezu dankbar für diese Momente im Krankenhaus, in denen ich ja immerhin nicht physisch anwesend sein musste, sondern »nur« Mails und Telefonate erledigte. Erst durch die Reaktion von Menschen außerhalb der Politik fiel mir auf, dass dies mitnichten für alle Menschen normal ist.

Natürlich waren meine Familie und Freunde regelmäßig genervt, enttäuscht oder wütend über den Umstand, dass die Politik bis in die intimsten Ecken unseres Privatlebens vordrang. Aber sie haben sich im Laufe der Zeit daran gewöhnt (und nur noch gelegentlich mit mir geschimpft).

So gab es in den zehn Jahren als Fraktionsvorsitzende keine Ferien oder Auszeiten, in denen ich nicht telefonisch an Krisensitzungen teilgenommen oder unter dem Tisch beim Abendessen »nur mal kurz« eine Mail getippt hätte. Bei Bergtouren wanderte meine Familie voraus, während ich ständig auf der Suche nach dem höchsten Punkt mit dem besten Handyempfang war. Und selbst bei Geburtstagen verfolgte ich mitunter per Kopfhörer Videokonferenzen und verschwand für eigene Wortbeiträge kurz auf der Toilette.

»Selbst schuld!«, werden jetzt einige sagen. »Augen auf bei der Berufswahl!« Es sei doch meine freie Entscheidung, ob ich im Krankenhausbett auf das Smartphone schaue oder nicht. Doch was in der Theorie so einfach klingt, ist in der Praxis um einiges komplizierter. Denn Krisenmanagement wartet nicht darauf, bis die Geburtstagsfeier beendet ist, und dem Redaktionsschluss ist es egal, ob du mit dem Kind beim Zahnarzt sitzt. Zeit ist sehr oft ein kritischer Faktor, der in der Politik alle betrifft – und zunehmend auch in andere Gesellschaftsbereiche und Berufszweige überschwappt. Dementsprechend müssen sich persönliche »Befindlichkeiten« – auch wenn es eigentlich Grundbedürfnisse sind – dem Zeitdruck unterordnen. Wer dazu nicht bereit ist, kann in diesem Beruf nicht viel bewirken. So einfach, so brutal. Deshalb lautet das Credo: Sei immer und jederzeit erreichbar und leistungsbereit. Schaffst du deine Arbeit am Tag nicht, dann schieb eine Nachtschicht ein.

Kolleg*innen und Bürger*innen erwarten, dass Politiker*innen in Führungspositionen jederzeit funktionieren und ansprechbar sind. Auf familiäre Verpflichtungen wird keine Rücksicht genommen. Ebenso wenig auf Erschöpfung nach Belastungsphasen oder sogar Krankheit. Sie werden deshalb oft verheimlicht.

Als beste Beispiele dafür könnten die Reaktionen auf die wiederkehrenden Zitteranfälle von Angela Merkel 2019 oder die verheimlichte Sorge von Anne Spiegel um ihren schwer erkrankten Mann im Sommer 2021 gelten. Sicherlich haben diese Politikerinnen auch Fehler in der Außenkommunikation gemacht. Aber der Fakt, dass es in der Öffentlichkeit und in der Politik geradezu null Verständnis dafür gab, dass diese Frauen auch einfach Menschen mit Bedürfnissen sind, ist schockierend.

So wurde beispielsweise das Zittern von Merkel, das laut ihrer eigenen Aussage den Grund hatte, dass sie zu wenig getrunken habe, in der Berichterstattung sofort als politische Schwäche ausgelegt: »Drei Zitteranfälle in drei Wochen – kann Merkel so noch die volle Leistung als Kanzlerin bringen?«[1]

Auch ich habe diese Erfahrung immer wieder gemacht. Egal, was im Privatleben passierte, die Funktion steht vor der Menschlichkeit. Mein Interview im Kreissaal ist nur eines von sehr vielen Beispielen dafür, welche Anforderungen ein Job in der Politik mit sich bringt. Wer Einfluss haben und etwas bewegen will, muss überall dabei sein und kann es sich nicht erlauben, sich rauszuziehen. So funktioniert Politik bis heute.

Ich glaube, dass die meisten Politiker*innen tatsächlich ein unheimlich hohes Maß an Resilienz haben müssen, also eine große psychische Widerstandskraft, um schwierige Lebenssituationen ohne anhaltende Beeinträchtigung zu überstehen. Sie müssen mehr aushalten. Mehr Belastung, mehr Gegenwind, mehr Kritik. Es sind Menschen, die gern auf der Bühne stehen und bereit sind, viel Verantwortung zu tragen. Menschen, die als Erste die Hand heben, wenn gefragt wird, wer sich kümmert, auch wenn ihnen der konstante Einsatz viel abverlangt.

Der Lohn für all die Herausforderungen ist ein Beruf mit Verantwortung und der Gewissheit, etwas bewirken zu können. Das Wissen, dass durch die eigene Arbeit anderen Menschen geholfen werden oder schädliche Politik beendet werden kann, wiegt so viel, dass es das Ungleichgewicht zwischen Arbeit und Erholung immer wieder in den Schatten stellt.

Selbst wenn einigen Politiker*innen hin und wieder auffällt, dass sich dieser Lebensstil auf Dauer negativ auf die Gesundheit auswirkt, so reden sie sich schnell ein, dies sei ja nur eine Phase, die in ein paar Wochen wieder vorüber sei. Doch Menschen sind keine Roboter. Auch Politiker*innen nicht. Und für alle Menschen gilt: Körperliche und geistige Ressourcen sind endlich.

Man kann jahrelang über den eigenen Leistungsgrenzen leben und die Symptome der Überlastung kaschieren. Doch selbst, wenn dies keine unmittelbaren Auswirkungen haben sollte, leidet auf lange Sicht doch die Lebensqualität – und damit auch die Qualität der Arbeit. Regeneration und die Pflege sozialer Kontakte sind kein Luxus, sondern eine Grundbedingung, um gesund zu bleiben. Im politischen Umfeld ist es dennoch oft schwierig, diese menschlichen Bedürfnisse zu erfüllen. Die hohe Leistungs- und Einsatzbereitschaft verändert Menschen und macht sie weder gesünder noch sympathischer.

Es gibt beispielsweise Abgeordnete, die sogar mit schweren Entzündungen und Fieber zwölf Stunden am Verhandlungstisch sitzen. Eigentlich sind jegliche Kraftreserven aufgebraucht – und trotzdem powern sie weiter. Kein Wunder, dass dabei die Laune kippt: Es wird gemotzt, geschimpft und beleidigt. Diese Grundstimmung überträgt sich auf alle und das Arbeiten wird deutlich unentspannter. Auf Angriffe folgen Gegenangriffe, und statt Ergebnisse und Lösungen zu finden, schaukelt sich die unsachliche Diskussion hoch. Empathie und das Gefühl, an einem Strang zu ziehen, gehen schlimmstenfalls völlig verloren.

So traf ich einmal eine Kollegin morgens um 7 Uhr im Berliner Abgeordnetenhaus. Wir waren beide auf dem Weg zu einer Sitzung. Ich war extrem müde und erklärte ihr, dass ich unbedingt einen Kaffee brauche. Ich hatte »dank« einer Kombination aus viel Arbeit und schlaflosen Kindern gerade einmal drei Stunden geschlafen und stöhnte, wie anstrengend dieser Morgen sei.

»Mh«, machte meine Kollegin. »So ist das halt. Du hast dir das doch ausgesucht als Fraktionsvorsitzende. Wenn du die Verantwortung nicht willst, dann gib sie halt ab!«

Ich runzelte die Stirn, sagte nichts mehr und holte mir meinen Kaffee. Ich fand das eine ziemlich überzogene Reaktion auf einen einfachen Ausdruck von Müdigkeit.

In dieser Manier verliefen allerdings viele Gespräche. Die leiseste Kritik an den Arbeitsbedingungen in der Politik oder der schwierigen Vereinbarkeit von Politalltag und Familie führte nicht etwa zu Verständnis und einem gemeinsamen Austausch darüber, wie es besser gehen könnte, sondern provozierte Kritik an der persönlichen Arbeitseinstellung. Ich solle doch froh sein und dürfe mich nun wirklich nicht beschweren. Andere würden alles dafür geben, an meiner Stelle zu sein.

Lange habe ich das einfach so hingenommen, bis ich irgendwann nicht mehr konnte. Diese Form menschlicher Verletzlichkeit zu akzeptieren, ist nicht einfach, und gerade deshalb war es mir ein Anliegen, über meine Beweggründe auch öffentlich zu sprechen. Denn Erschöpfung ist nichts, wofür man sich schämen muss. Viele Menschen in meinem politischen Umfeld kennen das Gefühl, eigentlich aussteigen zu wollen, auch wenn sie nicht darüber sprechen – und viele andere Menschen außerhalb der Politik ebenfalls.[2]

Diese kollektiven Ermüdungserfahrungen zeigen: Erschöpfung ist nicht (nur) individuell, sondern systemisch bedingt. Der Rahmen, in dem wir gesellschaftlich funktionieren müssen, ermüdet uns, raubt Kraft und ist von Ungerechtigkeiten durchzogen. Und das wird für uns zum echten Problem.

Wenn eine Spitzenposition zu bekleiden bedeutet, dass man Familie, Freundeskreis und das eigene Leben hintanstellen oder sogar völlig aufgeben muss, kann etwas nicht stimmen.

Swen Schulz, ehemaliges Mitglied des Bundestags der SPD-Fraktion, erzählte in einem ZEIT-Artikel, dass er sich bewusst gegen die späten Abendtermine entschieden hatte. Er hatte seine Grenzen definiert und diese durchgezogen. Eigentlich ein gutes Vorbild – oder? Doch sein Verhalten hatte Konsequenzen:

Keine Hintergrundkreise, Kamingespräche, Klüngelrunden. Der Preis für seine Entscheidung war hoch: Schulz ist schlechter vernetzt als andere, auch in der SPD. Die Genossen lieben ihre informellen Zirkel. ›Karriereförderlich ist eine familienorientierte Abendplanung sicher nicht‹, sagt Schulz.[3]

Kurz darauf zog er sich politisch zurück und gab sein Mandat auf. So schien es nicht zu funktionieren.

Wer also vorne mitspielen will, muss die Politik immer an die erste Stelle setzen. Auch wenn dies nur mit Hängen und Würgen funktioniert.

Als mein zweites Kind neun Monate alt war und ich seit der Geburt keine einzige Nacht mehr als ein bis zwei Stunden am Stück geschlafen hatte, gab ich einem großen Fernsehsender ein Interview. Ich merkte gleich zu Beginn, dass ich mich kaum konzentrieren konnte. Der Schlafmangel steckte mir so tief in den Knochen, dass ich Wortfindungsschwierigkeiten hatte und meine politische Botschaft einfach nicht auf den Punkt bringen konnte. Ständig verhaspelte ich mich und wir mussten wieder und wieder neu ansetzen. Der Redakteur bohrte weiter, fragte immer wieder nach, ließ nicht locker und drängte mich so sehr, dass ich am Ende eine Kollegin dazu holen musste, um mir bei der Formulierung meiner wichtigsten Aussagen zu helfen. Sehr unangenehm!

Ein paar Minuten später beäugte mich diese Kollegin skeptisch und sagte: »Beim nächsten Mal solltest du dich wirklich besser vorbereiten.«

Ich war in dem Moment von dieser Reaktion so überrumpelt, dass ich ernsthaft um Fassung ringen musste. Aber es hilft ja alles nichts. Es war keine Zeit, länger darüber nachzudenken. Die Plenarsitzung lief weiter und mein Stuhl stand in der ersten Reihe – gut platziert unter der wachsamen Beobachtung der Fernsehkameras. Also hieß es: Ärger runterschlucken, tief durchatmen und weiter geht's.

»Du bist der Flaschenhals – die finale Entscheidungsinstanz«, sagten mir Mitarbeitende regelmäßig. Ich trug Verantwortung und wollte es auch genau so. Denn wer Verantwortung hat, kann eigene Themen einbringen und umsetzen, die Richtung vorgeben, Entscheidungen treffen und politischen Einfluss ausüben.

Ich konnte Weichen für das erste Antidiskriminierungsgesetz in ganz Deutschland stellen und handelte mehr Geld für mehr Mieter*innenschutz aus. Ich setzte ein kostenloses Schüler*innenticket für alle Kinder in Berlin durch, verhinderte (zumindest bis heute) die Randbebauung des Tempelhofer Feldes und kämpfte gegen den Weiterbau des Autobahnrings A100 in Berlin.

All das sind Dinge, die nach meiner Überzeugung das Leben von sehr vielen Menschen zum Guten beeinflussen. Ist es nicht wichtiger, eine Familie vor der Zwangsräumung zu schützen, als auf ein Konzert zu gehen? Ist es nicht wichtiger, dafür zu sorgen, dass Grundschulkinder ein kostenloses warmes Mittagessen am Tag bekommen, als selbst Sport zu machen? Ich bin der Meinung: Ja, das ist es. Es ist wichtig, Verantwortung für die Gesellschaft zu übernehmen, auch wenn das bedeutet, das eigene Leben manchmal hintanzustellen.

Trotzdem hatte ich ständig ein schlechtes Gewissen, mir selbst und anderen gegenüber. Nahm ich Familientermine wahr, wurde ich meinem Job nicht gerecht. Arbeitete ich viel (oder nebenbei auf dem Spielplatz), wurde ich meinen Kindern nicht gerecht. Aber das wurde mir in seiner vollständigen Konsequenz erst viel später bewusst. Meine Kinder standen um 6.30 Uhr auf, meine politische Arbeit startete gegen 7.30 Uhr. Wenn beide Kinder aus dem Haus waren, besorgte ich mir bestenfalls noch einen Kaffee und saß dann am Schreibtisch, im Abgeordnetenhaus, in Sitzungen, gab Interviews, hatte Außentermine und im Anschluss oft weitere Sitzungen. Bis 22.00, 23.00, 24.00 Uhr, manchmal länger. Jeden Tag, auch am Wochenende. Ich habe es phasenweise kaum geschafft, zwischendurch ein Glas Wasser zu trinken.

»Ist halt gerade so«, sagte ich oft zu meinem Mann. »Das ist eine intensive Phase.« Diese »Phase«, wie ich sie nannte, fand jedoch kein Ende. Aus den Wochen wurden Monate, aus den Monaten Jahre.

Als eine Lehrerin meines Kindes ein Sabbatical nahm und ich den bohrenden Gedanken »Ich will auch!« nicht mehr ignorieren konnte, fiel mir erstmals auf, dass wohl etwas nicht stimmte. Ich beneidete meinen Schwiegervater, der in Rente ging, und fand das gleichzeitig total irre, weil ich zu dem Zeitpunkt gerade mal Anfang 40 war.

Politisch kamen durch unsere Regierungsbeteiligung ständig neue Konflikte hinzu. Ich spürte, wie Stück für Stück meine Motivation bröckelte, wie meine Laune schlechter und meine Gesichtsfarbe fahler wurde.

Ich resignierte, wenn man mir Vorwürfe machte oder ich die immer gleichen, zähen Diskussionen erlebte. Irgendwann wurde die Resignation größer als die Lust, gegenzuhalten. Flapsig gesagt: Ich hatte die Schnauze voll.

Und so kam es Ende Februar 2022 dazu, dass ich innerhalb von wenigen Tagen für mich den Entschluss fasste: Es reicht. Bis hierhin und nicht weiter. Mein Akku war leer und so beschloss ich Hals über Kopf, zurückzutreten und nach zehn Jahren Fraktionsvorsitz einen Gang runterzuschalten. Ob das politisch klug war, sei dahingestellt. Doch menschlich war es an der Zeit, einen Schlussstrich unter dieses Kapitel zu ziehen. Und nein, ich hatte weder einen Burn-out noch litt ich unter Depressionen. Mein Rücktritt und meine Erschöpfung wurden in dieser Hinsicht oft falsch interpretiert. Ich möchte dies ausdrücklich betonen – allein schon aus Respekt all denjenigen gegenüber, die tatsächlich erkrankt sind. Aber ja, ich war müde, und hatte vor allem keine Lust mehr, zu kämpfen und unter diesen Bedingungen weiterzumachen.

Doch das »Aufgeben« schmerzte. Ein ehemaliges Regierungsmitglied aus Berlin sagte einmal in Koalitionsverhandlungen: »Ich gebe nicht auf. Da müsst ihr mich schon niederkämpfen!« Vielleicht war es in meinem Fall tatsächlich so. Ich wurde – und hatte mich selbst – nach zehn Jahren niedergekämpft.

Macht und Müdigkeit – Einblicke in den Politikalltag

Die Machtverteilung in der Politik beruht auf Strukturen, die sehr patriarchal geprägt sind. Die Folge sind ein permanenter Wettkampf um Posten, ein rauer Ton und harter Schlagabtausch für alle.

Politiker*innen müssen sich nahezu unerfüllbaren Erwartungen stellen und insbesondere Frauen stehen dabei stets unter besonderer Beobachtung. Dieser Druck verursacht einen andauernden Stress, der gerade auf lange Sicht ermüdend ist.

Die ehemalige neuseeländische Premierministerin Jacinda Ardern brachte es bei ihrem Rücktritt im Januar 2023 auf den Punkt: »Ich weiß, was man für diesen Job braucht, und ich weiß, dass ich nicht mehr genug im Tank habe.«[4]

Ihr Rücktritt machte weltweit Schlagzeilen. Weil sie ein leuchtendes Vorbild für eine starke und progressive Frau in der Politik war. Aber auch, weil die Art und Weise, wie sie zurücktrat, für viele Menschen neu war. »Ein Rücktritt kann etwas sehr Entwürdigendes haben. [...] Ganz anders tritt Jacinda Ardern, 42, die Noch-Premierministerin Neuseelands, zurück«[5], kommentierte *ZEIT ONLINE*. Sie bewies Menschlichkeit, vor allem sich selbst gegenüber. Sie achtete auf ihre Grenzen und wusste, dass es ungesund wäre, trotz der großen Erschöpfung weiterzumachen. Sie verband Mutterschaft und Spitzenpolitik, Emotionen und Kompetenz. Eigentlich erschreckend, dass wir das auch heute immer noch als Besonderheit empfinden.

Ihr Rücktritt war zwar ein Verlust für die Weltpolitik, aber auch ein wichtiges Signal. Denn damit zeigte sie, dass Politiker*innen auch ganz normale Menschen sind, die Grenzen haben.

Die Macht abzugeben und auf Spitzenpositionen freiwillig zu verzichten, ist für viele andere Politiker*innen undenkbar. In der Politik treffen stark erfolgsorientierte Persönlichkeiten aufeinander, die in die erste Reihe wollen. Denn wer etwas bewegen will, muss sich dafür in der richtigen Position befinden oder das richtige Amt innehaben. Doch um dorthin zu gelangen, muss man auch die entsprechenden Regeln beachten und sich in die Machtspielchen und das System des Politikalltags fügen. Im Grunde genommen ist es wie in der US-Serie *House of Cards*, nur – in der Regel – nicht ganz so überzeichnet. Auch in Deutschland geht es um Netzwerke und Seilschaften, um gegenseitige Unterstützung, Gefälligkeiten, Loyalitäten und Konkurrenz. Es bilden sich Gruppen, die versuchen, ihren Einfluss zu vergrößern. Um eine Position zu erreichen, muss geschachert werden – es werden Bündnisse eingegangen und Verabredungen getroffen. Nur, wer die Mehrheit hat, gibt den Ton an, bestimmt die Richtung und vor allem das Personal. Gerade die Personalfrage ist ein zentraler Punkt, denn je größer die Macht, desto einfacher ist es, die eigenen Leute auf Posten zu setzen, um über Loyalitäten das eigene Netzwerk und damit den eigenen Einfluss zu vergrößern. Kann dieser nicht mehr gewährleistet werden oder laufen Menschen über, kann es hässlich werden. Beispielsweise werden Kompromisse mit Lobbyverbänden oder Vertreter*innen von Gegenpositionen eingegangen, um eine bevorstehende Abstimmung für die eigene Seite zu entscheiden. In den Verhandlungen der Ampel-Koalition im Frühjahr 2023 konnte man die Ergebnisse nach jedem Koalitionsausschuss sehen: Den einen wurde die schnellere Planung von Autobahnen zugesagt, wenn die anderen dafür mehr Klimaschutz bekamen.[6]

Wenn Parteispitzen keine eigene Mehrheit mehr haben, wird es besonders prekär. Dann hilft nur noch die Hoffnung, durch eine Massenmobilisierung in Form von Mitgliederentscheiden oder Urabstimmungen unliebsame Kontrahent*innen zu schlagen. Das Prinzip ist folgendes: Wenn ich befürchte, dass ich auf einem regulären Parteitag nicht die Mehrheit der Stimmen der gewählten Delegierten bekomme, dann befrage ich einfach alle Parteimitglieder, in der Hoffnung, dass diese weniger Hintergrundwissen haben und sich dadurch leichter beeinflussen lassen. Wie beispielsweise der Mitgliederentscheid der Berliner SPD im Frühjahr 2023, der die Entscheidung über die Frage, ob sie eine Koalition mit der CDU eingehen sollen, bringen sollte. Auf dem eigentlich dafür vorgesehenen Parteitag war nicht zu erwarten, dass es eine Mehrheit dafür geben würde, da zu viele Kreisverbände bereits ihre Ablehnung einer solchen Koalition erklärt hatten. Also setzte die Parteispitze auf eine Befragung aller Mitglieder und hoffte auf deren Regierungstreue – mit Erfolg. Seit April 2023 steht die Schwarz-Rote Koalition in Berlin.

Alle, die sich einer solchen Urabstimmung stellen, gehen ein hohes persönliches Risiko ein, denn sie geht mit potenziellen Niederlagen sowie mit Verletzung und Machtverlust einher.

Ein weiteres Beispiel hierfür ist die Abstimmung über die Spitzenkandidat*innen bei den Grünen 2017, die der damalige Parteivorsitzende Cem Özdemir gegen die Kontrahenten Anton Hofreiter und Robert Habeck gewann. Oder auch die Mitgliederbefragung der CDU zur neuen Parteiführung Ende 2021, die Friedrich Merz gewann, obwohl er bei der Kanzlerfrage im Jahr zuvor sehr klar gegen Armin Laschet unterlag.

Je angeschlagener die Gegenseite ist, desto leichter ist sie abzuservieren. Und umgekehrt: Je stärker das Netzwerk einer Person ist, desto schwieriger ist es, sie abzusägen. Gleichzeitig kann eine schwere Niederlage bei nächster Gelegenheit auch wiederum ein Vorteil sein, wie die oben genannten Namen beweisen – weil das Netzwerk dann besonders erstarkt.

Um der Konkurrenz zu schaden, werden mit einfachen psychologischen Methoden Bilder kreiert. Viele davon sind international bekannt: Wladimir Putin, der seinen großen Dobermann mitbringt, um Angela Merkel, die erklärtermaßen Angst vor Hunden hat, einzuschüchtern. Recep Tayyip Erdoğan, der keinen Sessel für Ursula von der Leyen bereitstellt, sondern sie abseits der Männer allein auf dem Sofa platziert. Solche Szenen kommen nicht nur unter internationaler, medialer Beobachtung, sondern auch auf Landesebene vor. Da ist die Hand auf der Schulter, die jemanden im wahrsten Sinne des Wortes (r)unterdrückt. Da ist der Arm, der väterlich um die junge Abgeordnete gelegt wird, um ihr zu zeigen, dass sie hier »die Kleine« ist und nichts zu sagen hat. Je nachdem, in welcher Partei man ist, sind diverse Formen der Diskriminierung gängig. So berichtete unter anderem die frühere FDP-Politikerin Silvana Koch-Mehrin über sexuelle Belästigung im politischen Umfeld.[7] Über öffentliche rassistische Äußerungen wird immer wieder berichtet, Boris Palmer und Thilo Sarrazin sind nur zwei von vielen Beispielen – hier ist auch parteiintern von einer hohen Dunkelziffer auszugehen. In allen Parteien.

Es geht stets darum, die Leistungsfähigkeit und -bereitschaft sowie die Kompetenz der Kontrahent*innen anzuzweifeln, um ihnen ein Bein zu stellen. Und dabei sind die Methoden fast immer grenzüberschreitend und greifen Menschen auf persönlicher Ebene an.

Der »gute Ruf« ist in der Politik extrem wichtig. Die Angst davor, dass eine vermeintliche Schwäche zu einem Verlust von Status und Einfluss führen könnte oder man gar eine erfundene Schwäche angedichtet bekommt, ist groß. So sprechen zum Beispiel Politiker ihren weiblichen Kolleginnen öffentlich die Kompetenz ab. Es reicht schon ein kurzes »Die ist dazu doch gar nicht in der Lage«, schon kommt sie weder für Posten noch für die Vorgabe einer politischen Richtung infrage. Das Einzige, was Frauen in so einem Moment retten kann, sind eigene »Truppen«. Also genug Menschen, die erkennen, dass hier Machtspielchen stattfinden, und die Politikerin verteidigen. Schlimmstenfalls sind solche Politiker dann noch selbst ernannte Feministen – wie beispielsweise Bundeskanzler Olaf Scholz, der sich zum Feministen erklärte, weil eine Regierung unter seiner Führung mindestens zur Hälfte mit Frauen besetzt sein sollte. Mit der Ernennung von Boris Pistorius als Nachfolger von Christine Lambrecht brach er dieses Versprechen. Das wäre fast lustig, wenn es nicht so brutal wäre.

Kämpfe wie diese sind keine Ausnahme, sondern die Regel. Und das sind »nur« die internen Auseinandersetzungen. Dazu kommt der Druck der Öffentlichkeit, der Medien, der sozialen Netzwerke.

Dieser immerwährende und allumfassende Stress, der harte Umgangston, die langen Arbeitszeiten und die fehlende Erholung zehren an den Kräften. Und im Laufe der Zeit wird die Belastung immer größer. Zitternde Hände, Kreislaufprobleme und der Sekundenschlaf gehören zum politischen Alltag. Ich hatte schon einige Sitzungen bis spät in die Nacht, bei denen einzelne Abgeordnete zwischenzeitlich auf dem Tisch eingenickt sind, weil sie nicht mehr konnten. Erschreckenderweise gewöhnt man sich an diese Dauerpräsenz der Erschöpfung. Wir alle wissen, dass Stress kurzfristig durchaus positive Effekte hat und ungeahnte Fähigkeiten herauskitzeln kann. Stress pusht, motiviert und bewirkt eine Art Rauschzustand. Diese wiederkehrenden »Kicks« haben allerdings ein hohes Suchtpotenzial. Die ständige Dopaminausschüttung kann abhängig machen. Ohne diese Belohnungen würden viele Menschen in der Politik gar nicht so lange durchhalten. Aber sie verführt dazu, Raubbau an sich selbst zu betreiben, den erholsamen Ausgleich zu vernachlässigen und die Balance zu verlieren.

Gerade am Anfang ihrer Karriere stolpern die meisten Politiker*innen etwas unbeholfen in den Job und versuchen, die Ansprüche, die an sie herangetragen werden, so gut es geht zu erfüllen. So wird von Abgeordneten beispielsweise erwartet, dass sie nicht in den Urlaub fahren oder dort zumindest ständig erreichbar sind. Wenn das Telefon klingelt, geht man ran. Spätestens nach einer Woche Nicht-Erreichbarkeit ist die Geduld der anderen am Ende. Egal, was der Grund für diese Abwesenheit ist. Geburt, der Tod naher Verwandter, Krankheit, pflegebedürftige Angehörige, Urlaub, alles nicht wichtig. Denn der Vorwurf der Unzuverlässigkeit wiegt schwer auf dem politischen Parkett.

Es herrscht eine Art Wettbewerb darin, wer am härtesten zu sich selbst sein kann. Es wird damit geprahlt, wie wenig Schlaf nötig ist. Da heißt es beispielsweise: »Also *ich* brauche nur drei Stunden Schlaf.« Ein anderer Abgeordneter erzählte von einer Fahrradtour: »Anderthalb Tage am Wasser entlang und meine Akkus sind wieder richtig aufgeladen. Das tat gut!«

Okay, 3 Stunden Schlaf, damit 21 Stunden fürs Arbeiten bleiben? Und 1,5 Tage als Erholungsurlaub? Ist das der Standard, den wir in der Politik erreichen sollen?

Mit kleinen Kindern lässt sich solch ein Leben noch schlechter vereinbaren. Viele Abendrunden und Sitzungen bis spät in die Nacht machen es unmöglich, einen normalen Familienalltag aufrechtzuerhalten. Die linke Politikerin Katja Kipping beschrieb 2018 für das Magazin *EMOTION*, wie schwierig es ist, auf unplanbare Ereignisse zu reagieren:

> *Kinderkrankheiten richten sich nun mal nicht nach den Plänen politischer Ereignisse. Es kann jeder Zeit passieren, dass der Husten just dann zuschlägt, wenn der Vater auf einer Konferenz außerhalb ist und ich am nächsten Tag eine wichtige Pressekonferenz habe.*[8]

Sie ergänzt: »Die schlafarmen Nächte haben mein Immunsystem ganz schön angegriffen«.[9] Sie bezeichnet die 90-Stunden-Woche als »Unkultur« und fordert zugleich, dass wir nicht diejenigen kritisch beäugen sollten, die versuchen, diese Arbeitskultur mit Sorgearbeit zu vereinbaren, sondern viel eher jene, die dieses System aktiv fördern.[10]

Auch die Bundestagsabgeordnete der Linken, Nicole Gohlke, erzählte in der gleichen *EMOTION*-Reihe, dass sie bewusst auf gewisse Positionen verzichte, um ausreichend Zeit mit ihrer Familie verbringen zu können. Und dennoch sei es hart. Sie resümiert:

> *[Es] bleibt unterm Strich leider auch oft das Gefühl, die Aufgaben nicht gänzlich zufriedenstellend ausgefüllt zu haben: nicht das Mandat, nicht die Aufgaben in der Partei, nicht die Rolle als Elternteil.*[11]

Es ist ein immerwährender Spagat.

Die beruflichen Herausforderungen und das raue Klima auf der einen Seite mit der Organisation des Privatlebens (mit allen Geburtstagsfeiern, Arztterminen und Haushalts- und Verwaltungsaufgaben) auf der anderen Seite zu vereinen, ist aber nicht nur für Eltern regelmäßig zu viel.

Es gibt Politiker*innen, die sogar schwere Erkrankungen verheimlichen, um sich nicht angreifbar zu machen. Behandlungen und Therapien werden bewusst in die Sommerpause gelegt, damit niemand etwas merkt. Immer in der Hoffnung, dass alles gut geht.

Wenn die Angst, geschasst zu werden, so groß ist, dass man eine schwerwiegende Krankheit verschweigen muss, ist meiner Meinung nach ein Grad der Entmenschlichung erreicht, der nicht mehr hinnehmbar ist.

Die Linken-Abgeordnete Anke Domscheit-Berg hat *Spiegel Online* 2019 ein Interview gegeben, nachdem der CDU-Bundestagsabgeordnete Matthias Hauer während einer Rede zusammengebrochen war. Domscheit-Berg zeigte auf, dass er kein Einzelfall war:

> *Wir hatten doch gerade erst die Debatte über Angela Merkels Zitteranfälle. Sahra Wagenknecht musste wegen eines Burn-outs kürzertreten. In dieser Legislatur sind zwei Kollegen gestorben. In meinem Kreisverband ist ein Genosse einfach tot umgefallen – Mitte 40. Es sind einfach so viele Fälle. Der Preis ist zu hoch.*[12]

Sie beschreibt als Ursache für dieses Phänomen die zum Teil unwürdigen Arbeitsbedingungen von Abgeordneten, die sie als »menschenfeindlich« bezeichnet:

Wir sitzen zum Beispiel stundenlang und häufig bis weit nach Mitternacht im Plenum, dürfen dort aber nicht einmal trinken. Als ich 2017 neu im Bundestag war, habe ich mir im Foyer an einem Spender einen Becher Wasser gezapft und wollte damit ins Plenum gehen. Ein Saaldiener hielt mich damals auf und sagte mir, das gehe gegen die Würde des Hauses, es sei hier ja keine Imbissbude. [...] Auch Essen ist verboten.[13]

Kurz: Es geht nicht nur um Unvereinbarkeit von Familie und Politik, es geht um die Unvereinbarkeit von Leben und Politik. Berufspolitiker*innen haben schlichtweg nicht genug Zeit. Sie schaffen es trotz der absurd langen Arbeitszeiten zeitweise nicht einmal, ihrer Arbeit vernünftig nachzukommen.

Aus diesem Grund ist es die Regel, viele Dinge gleichzeitig zu erledigen. Personalentscheidungen werden unter dem Tisch per Messenger-Nachricht getroffen, während eines Gesprächs mit der Leitung eines Landesunternehmens. Oder die Weihnachtskarten werden mit persönlichen Worten versehen, während man gleichzeitig Mitarbeitendengespräche führt. Das ist alles hochgradig unbefriedigend und grenzwertig, aber oft reichen 24 Stunden nicht, um alle anfallenden Aufgaben nacheinander zu erledigen (und dann auch noch zu schlafen). Schlimmstenfalls kann Multitasking dazu führen, dass wichtige Inhalte im Schnell-Schnell verloren gehen. Und trotzdem ist es in besonders intensiven Zeiten nicht anders machbar.

Irgendwann wurde all das für mich zur Routine. Je länger man den Job macht, desto schneller wird man und desto mehr schafft man gleichzeitig. Das Bewusstsein, wie erschöpfend all das ist, kommt oft erst Jahre später.

»Du lebst drei Leben auf einmal«[14], wurde Katja Kipping 2019 in einem *ZEIT*-Artikel zitiert. Ich frage mich, ob das überhaupt reicht.

Immer mehr Politiker*innen bekennen sich auch öffentlich dazu, erschöpft zu sein oder gar unter dem Druck zusammenzubrechen.[15] Doch die bekannten Fälle, wie Jacinda Ardern, Michael Roth und Co., sind nicht die einzigen Erschöpften. Die Liste ist deutlich länger. Das sind nur diejenigen, die sich trauen, in der Öffentlichkeit darüber zu sprechen. Ein sehr mutiger Schritt, den viele erst nach einem Rücktritt wagen. Weil sie genau wissen, dass diese Statements während einer Amtszeit ein gefundenes Fressen für die politische Konkurrenz wären. Auch in der zweiten Reihe der Politik gibt es immer wieder Rücktritte, von denen die Öffentlichkeit nichts mitbekommt. Selbst ohne Spitzenposition oder extreme mediale Aufmerksamkeit können Diskriminierungen, Schlafmangel und Machtspielchen in der Politik zum Burn-out führen. »Zum Ende der vergangenen Legislaturperiode schieden so viele Abgeordnete freiwillig aus dem Bundestag aus wie nie zuvor«[16], so Peter Dausend in der *ZEIT*. Immer mehr Politiker*innen scheinen die Zustände in der Politik nicht mehr mittragen zu wollen.

Aber ist das nicht alles Gejammer auf sehr hohem Niveau? Andere Menschen haben auch harte Jobs, heftige Arbeitszeiten und stehen unter Druck. Außerdem verdienen Politiker*innen doch gutes Geld. Oder?

Ja, wir bekommen ein sehr gutes Gehalt. Aber kein Gehalt der Welt rechtfertigt physische oder psychische Krankheiten oder die Aufgabe des kompletten Privatlebens hinnehmen zu müssen. Kein Verdienst rechtfertigt ein menschenunwürdiges System. Gesundheit und Menschenwürde dürfen nicht käuflich sein. Das gilt übrigens für alle Branchen, nicht nur die Politik.

Das eigentliche Problem dahinter ist jedoch, dass die Konsequenzen, die sich aus der permanenten Erschöpfung und andauernden Ausbeutung ergeben, in der Politik eine besondere Tragweite haben. In einem *ZEIT*-Artikel beschreibt es die Journalistin Jana Hensel folgendermaßen:

> *Wer Spitzenpolitiker einmal aus der Nähe betrachtet hat, wer sie in mitunter schwachen Momenten erlebt hat, der weiß, dass keiner oder keinem von ihnen eine dicke Elefantenhaut gewachsen ist. Eher das Gegenteil ist wahr: Die Haut vieler Politiker ist nach Jahren in der Spitzenpolitik häufig derart dünn geworden, dass sie beinahe ohne jede Schutzmembran ihr Tagwerk bestreiten.*[17]

Wäre es für die Bürger*innen nicht beruhigend, wenn sie wüssten, dass Politiker*innen nicht nur nach außen hin, sondern auch innerlich stabil sind? Wäre es nicht für die gesamte Gesellschaft heilsam, wenn Politiker*innen vorleben würden, wie eine gesunde Arbeitswelt aussehen sollte?

Niemand ist von der Vorstellung begeistert, von Chirurg*innen operiert zu werden, die seit über 20 Stunden arbeiten und kaum die Augen offen halten können. Ebenso sollten die Bürger*innen nicht von Menschen regiert werden, die ständig über ihre Leistungsgrenzen hinaus arbeiten. Doch die Vielzahl der Fälle, in denen es dennoch so ist, unterstreicht, in welcher Krise die gegenwärtige Politik steckt. Wer die eigenen grundmenschlichen Bedürfnisse konsequent hintanstellt, verliert nicht nur Lebensenergie, sondern auch die nötige Empathie, die für kluge politische Lösungen unerlässlich ist.

Alle haben Stress –
Die ausgelaugte Gesellschaft

Chronische Erschöpfung ist keineswegs ein Phänomen, das nur in der Politik stattfindet. Dies wurde mir nach meinem Rücktritt als Fraktionsvorsitzende erst so richtig bewusst.

Als ich zurücktrat, habe ich ehrlich gesagt kaum weiter als bis zu meiner Abschiedsrede gedacht. Ich hatte mit höflichen Worten gerechnet: »Liebe Frau Kapek, wir wünschen Ihnen alles Gute.« Dazu ein freundliches Händeschütteln und ein wenig Getuschel hinter meinem Rücken.

Stattdessen erwischte mich die öffentliche Resonanzwelle völlig unvorbereitet. Ich erhielt zahlreiche Presseanfragen, wurde von großen bundesweiten Medien interviewt, bekam hunderte E-Mails von Menschen aus allen Branchen und Lebenslagen. Auf der Straße wurde ich angesprochen, viele Leute erzählten mir ihre Lebensgeschichten, die viele verschiedene Erschöpfungszustände zeigten.

Ich will ehrlich sein: Am Anfang hat mich das ziemlich überfordert. All die bewegenden Geschichten von alleinerziehenden Müttern, die zwischen Kindern, Job und einem Leben an der Armutsgrenze ihre Lebensfreude verloren hatten, oder von Inhaber*innen kleiner Geschäfte, die in den zurückliegenden Pandemiejahren sämtliche private Rücklagen aufgebraucht hatten und verzweifelt waren, berührten mich sehr. Die Erschöpfung betraf so viele Menschen, schon vor der Pandemie. Ich sprach mit Lehrer*innen, die an immer härteren Arbeitsbedingungen und überhöhten Erwartungen zerbrachen. Mit Geflüchteten, die kurz vor der Abschiebung standen und in Tränen ausbrachen, weil ihnen nur ein Dokument fehlte, an das sie nicht rankamen, weil das Amt keine Termine erteilte. Mit Angestellten, die dem hohen Erwartungsdruck ihrer Unternehmen nicht gewachsen waren und überlegten, hinzuwerfen. Mit Krankenpflegepersonal, das unter Schlafstörungen litt, weil der Druck im Gesundheitssystem seit Jahren zu hoch ist.

Sie alle hatten das Bedürfnis, über ihre Erschöpfung und Verzweiflung zu sprechen. Meine Offenheit öffnete ihre Schranken der Zurückhaltung. Sogar einige Journalist*innen erzählten mir in Interviews von ihrem eigenen Stress, dem Wunsch nach einer Pause oder gar der Überlegung, ganz aufzuhören.

Die Sehnsucht nach Vorbildern ist riesig, denn viele haben durch die Offenlegung von Verletzlichkeit das Gefühl, nicht allein mit ihrem Empfinden und Erleben zu sein.

Für mich waren diese Gespräche, Mails und Briefe augenöffnend. Denn mir wurde bewusst, dass nicht nur Politiker*innen, sondern unsere gesamte Gesellschaft erschöpft ist. Eine Journalistin des SWR fragte mich Wochen später, was meine Erklärung für die große Erschöpfung in Deutschland sei. Das war für mich der Auftakt meiner eigenen Recherchen. Ich begann mit den naheliegenden Informationen:

So hat laut der »Stressstudie«[18] der Techniker Krankenkasse der subjektiv empfundene Stress bei den Befragten 2021 im Vergleich zu 2013 um 30 Prozent zugenommen. 26 Prozent gaben an, häufig gestresst zu sein, 64 Prozent mindestens manchmal. Die Zahlen stiegen bereits seit Längerem kontinuierlich an: 2013 waren 57 Prozent der Befragten mindestens manchmal gestresst, drei Jahre später waren es bereits 60 Prozent.

Diesem Bild entspricht auch eine Studie, die die empfundene Zeitknappheit der Bevölkerung in Deutschland untersuchte. Laut einer statistischen Erhebung 2022 sagten etwas mehr als ein Drittel der befragten Personen ab 14 Jahren von sich selbst, dass sie »viel zu wenig Zeit haben«.[19]

Auch nicht zu unterschätzen sind die Coronaeffekte. Viele Menschen haben durch die Covid-Pandemie erlebt, dass ihr gesamtes System ins Wanken geriet. Probleme, die vorher bestanden, aber händelbar waren, wurden durch das Corona-Brennglas zu existenziellen Krisen. Inzwischen haben wir die Pandemie weitestgehend überstanden – die Krisenstimmung hingegen bleibt. Während ich an diesem Buch arbeite, tobt ein furchtbarer Krieg in der Ukraine, die Energiekrise und die Inflation machen uns zu schaffen, wir steuern auf eine Care-Krise zu, deren Ausmaß vielen noch gar nicht in ihrem vollen Umfang bewusst ist. Und über all dem schwebt die für uns alle existenzielle Klimakatastrophe als Damoklesschwert. Je nachdem, wo und wie Menschen leben, treffen sie die Krisen mehr oder weniger hart.

Lebensgeschichten sind höchst individuell – und trotzdem kennen erschreckend viele Menschen das Gefühl, ständig und pausenlos paddeln zu müssen, um den Kopf gerade so über Wasser zu halten. Es sind nicht immer finanzielle Probleme, doch der Druck, alles schaffen zu wollen, sämtlichen Ansprüchen gerecht zu werden, immer leisten zu müssen und all die Krisen nebenbei auszuhalten, ist hoch.

Wir leben in einer Gesellschaft, in der viele Menschen tagtäglich am Limit arbeiten und ihre Grenzen wieder und wieder überschreiten.

Denken wir nur an unser Gesundheitssystem. Ärzt*innen und Pflegekräfte sollen in 24-Stunden-Schichten Menschen versorgen. Wie soll das funktionieren? Ich habe in meinem Leben oft lange gearbeitet, 18 Stunden am Tag, und das einige Tage hintereinander. Eine Weile ging das gut, gerade, wenn es einen guten Grund dafür gab und ich wusste, dass mein Einsatz sinnvoll war. Trotzdem: Je älter wir werden, desto deutlicher wird, dass wir als Menschen kein unendlich großes Reservoir an Energie zur Verfügung haben. Und diese Einsicht sollte bestenfalls nicht erst mit den Jahren kommen. Denn egal, in welchem Alter, ob mit 20, 40 oder 60, niemand sollte bis zum Umfallen arbeiten müssen. Auch nicht für die gute Sache. Zumal es niemandem hilft, eine hohe Motivation und Leistungsbereitschaft auszunutzen, bis die besten Leute nach wenigen Jahren ausbrennen und ausfallen.

Drei 24-Stunden-Schichten pro Woche abzureißen und dabei die Verantwortung zu tragen, Menschen gesundheitlich und existenziell zu versorgen, stelle ich mir sehr herausfordernd vor. Ja, Mitarbeitende in Pflege- und Gesundheitsberufen haben oft einen hohen moralischen Anspruch und eine große Motivation, weil sie mit ihrem Tun etwas bewirken. Doch langfristig gehen in diesem ausbeutenden System Stück für Stück diese so wichtige Motivation und Freude verloren. Und es gibt kaum Nachwuchs, da junge Menschen wenig Antrieb haben, in dieser Branche zu arbeiten; sie haben keine Lust auf Selbstausbeutung mit Ansage. Im Gesundheitssystem kommt somit die Problematik dazu, dass es kein Licht am Ende des Tunnels gibt. Kein »Bald wird es besser«, kein »Nur noch kurz durchhalten, es ist nur eine Phase«. Im Gegenteil.

Mehr und mehr Menschen werden aufgrund ihrer Erschöpfung krank, haben Zusammenbrüche, Schwächeanfälle, Herzinfarkte, Rückenschmerzen, Hörstürze, Panikattacken. Früher galten diese Leiden als »Managerkrankheiten«, schreibt das *STRIVE Magazine.*[20] »Heute braucht es keine Spitzenposition mehr – für die Deutschen war ihre Arbeit im letzten Jahr Stressverursacher Nummer eins.«[21]

Und das gilt nicht nur für das Gesundheitssystem, sondern für die gesamte Bevölkerung. Laut DAK-Psychoreport erreichte der Arbeitsausfall wegen psychischer Erkrankungen 2021 einen neuen Höchststand: »Das Niveau lag mit 276 Fehltagen je 100 Versicherte um 41 Prozent über dem von vor zehn Jahren.«[22] Und laut Robert-Koch-Institut litten in dem Zeitraum März bis September 2020 »nur« etwa 9 Prozent der Bevölkerung an depressiven Symptomen, im gleichen Zeitraum 2022 waren es dann schon 17 Prozent.[23]

Überall werden traurige Rekordzahlen verkündet. Bereits vor der Pandemie stieg die Zahl der psychischen Erkrankungen von Jahr zu Jahr. So gab es beispielsweise laut der Krankenkasse BARMER im Jahr 2016 38 Prozent mehr psychische Diagnosen unter den 18- bis 25-Jährigen als elf Jahre zuvor.[24] Zudem waren psychische Erkrankungen die häufigste Ursache für Berufsunfähigkeit in Deutschland – auch hier zeichnete sich ein deutlicher Anstieg ab.[25]

Corona war ein Brandbeschleuniger. Viele von uns haben versucht, alles wegzudrücken, weiterzumachen und so zu tun, als wenn nichts wäre. Doch gerade in krisenhaften Zeiten, wie wir sie aktuell erleben, spüren wir mehr und mehr, dass sich unser Akku noch schneller leert.

Eine zunehmende Anzahl an Menschen braucht also Hilfe – und das Gesundheitssystem arbeitet sowieso schon am Limit. Die Arbeitsbedingungen können demnach gar nicht besser werden – sondern noch härter.

Der Personalmangel in der Gesundheits- und Pflegebranche trifft also auf einen steigenden Behandlungsbedarf sowie die große Boomer-Generation, die in den nächsten Jahren in Rente gehen und zum Teil Pflege benötigen wird. Hier rasen zwei Züge aufeinander zu. Wenn niemand die Notbremse zieht, gibt es bald einen riesigen Knall in Form einer Care-Krise. Worst Case: geschlossene Krankenhäuser, unzureichende Versorgung, vermeidbare Todesfälle. Und: mehr Privatpersonen, die die Pflege ihrer Liebsten zu Hause übernehmen und dadurch entweder als Fachkräfte auf dem Arbeitsmarkt fehlen oder versuchen, beides zu vereinbaren, und so die eigenen Grenzen überschreiten.

Die Zunahme an depressiven Symptomen zeigt, dass es bei Weitem nicht nur die Arbeit im Gesundheitssystem ist, die Menschen an ihre Leistungsgrenzen bringt. Man sieht sogar bei Leuten Frustration und Verbitterung, denen es per se gar nicht so schlecht geht, die gesund, finanziell abgesichert und deren Arbeitszeiten humaner sind. Krisenstimmung manifestiert sich selbst da, wo auf den ersten Blick keine Krise stattfindet. Weil auch diese Menschen Teil unseres Systems sind. Weil Leistungsantrieb und Machtmechanismen immer mehr und mehr fordern und die Menschen so beeinflussen, dass sie aus eigenem Antrieb heraus die Ansprüche an sich selbst hochschrauben. Weil sogar jene Krisen, die keinen direkten Einfluss auf unser Leben haben, auf dem Smartphone ganz nah erscheinen. Und weil die Hasskommentare im Netz diesen Eindruck noch massiv verstärken.

Wir empfinden Häme und Beleidigungen in Kommentarspalten schon fast als Normalität. »Trolls« und »Hater« verbreiten Unmut, Mobbing und Feindseligkeit und sind ein großes Problem dieser Zeit. Der gnadenlose Umgangston verstärkt den

Druck im Alltag und führt so bei einigen Menschen zu einem allumfassenden Gefühl von Ohnmacht, das sich manchmal wie ein persönliches Versagen anfühlt.

Aber es ist kein persönliches oder individuelles, sondern ein strukturelles Problem, das nicht durch noch mehr Selbstoptimierung und ein besseres individuelles Zeitmanagement gelöst werden kann, sondern nur durch einen Systemwandel.

Wieso gehen die Menschen nicht auf die Straße und fordern diesen?

Wir wissen doch schon so lange so viel: Der Psychologe und Marktforscher Stephan Grünewald hat bereits 2013, also vor zehn Jahren, das Buch *Die erschöpfte Gesellschaft* veröffentlicht, eine gleichnamige Dokumentation von 3sat entstand 2015.[26] Schaut man sich diese und weitere Veröffentlichungen an, hat sich an den Dingen bis heute kaum etwas verändert. Wir wissen seit Jahren, dass einiges schiefläuft und dass wir uns mit unserer Leistungsethik selbst keinen Gefallen tun. Durch anhaltende und überlappende Krisen, wie Klimakatastrophen, Ukraine-Krieg, Coronapandemie, Inflation und Energiekrise, also die sogenannte »Polykrise«, wird dieses Problem nun weiter verschärft. Wieso gibt es nicht längst ein Bedürfnis nach einer offenen Revolte? Wieso bleiben so viele Menschen so stumm? Wieso gibt es nur das »Quiet Quitting«, diesen leisen Protest, der eine stille Abkehr vom »Zuviel« darstellt?[27] Wieso ist da kein lauter Aufstand?

Die Antwort ist durch die Symptomatik selbst bedingt. Aufstände erfordern Kraft, Mut und Durchhaltevermögen. Wer erschöpft ist, hat diese Kapazitäten nicht.

Im ersten Lockdown habe ich den Beitrag einer Mutter gelesen, die schrieb, dass sie sich gern engagieren würde. Sie sei frustriert, dass Kinder und Familien nicht gehört würden und keine Lobby hätten. Doch wann solle sie dieses Engagement umsetzen? Ihr Tag beginne um 6 Uhr, erzählte sie, dann organisiere sie den ganzen Tag mit Job und Kindern, ohne Pause, ohne Entlastung, ohne Kita, und um 20.30 Uhr, wenn die Kleinen schlafen, sei mit ihr nichts mehr anzufangen. Für mehr reiche ihre Kraft nicht. Diese Geschichte trifft die Lebenswirklichkeit so vieler Menschen. Auch ich kenne das. Wäre ich nicht Berufspolitikerin gewesen, hätte auch ich neben einem Vollzeitjob vermutlich keine Demo mehr auf die Beine stellen können.

Statt eine Revolte anzustoßen, rennen die meisten Menschen also einfach weiter. Die, die es sich leisten können, optimieren an sich selbst herum, kleben Pflaster in Form von Kurzurlauben oder Spa-Tagen auf die abgespannte Seele, powern danach wieder los und werden immer müder, von Jahr zu Jahr. Die Frage ist aber: Wie lange lässt sich dieser Rhythmus aufrechterhalten und wann kippt er?

Die Politik steht in der Verantwortung, solche Kipppunkte rechtzeitig zu erkennen, Veränderungen anzustoßen und ein Umdenken zu initiieren. Doch dafür müssen wir erst einmal verstehen, wie es so weit kommen konnte.

Die kollektive Erschöpfung

Ein Erklärungsversuch

Teil 2

Warum wir politische Lösungen brauchen

Immer weitermachen, trotz Erschöpfung – für viele Menschen ist das ganz normaler Alltag. Bert te Wildt, Chefarzt der psychosomatischen Klinik im Kloster Dießen am Ammersee, hat der Symptomatik des ständigen Arbeitswillens verbunden mit einer andauernden Kraftlosigkeit einen Namen gegeben:»Burn-on«. Er beschreibt damit Menschen, die (noch) nicht ganz am Limit sind – aber immer kurz davorstehen. Die weiterbrennen, statt auszubrennen. Typische Symptome sind Kopfschmerzen, Verspannungen, Lustlosigkeit, chronische Müdigkeit. Die Erschöpfung wird zum Normalzustand und nur durch kleine Wellness-Einheiten abgefedert. Im Gespräch mit Deutschlandfunk Kultur erklärt der Experte:

Wenn Achtsamkeit, Meditation und Yoga nur noch dazu dienen, sich gerade noch funktionstüchtig zu halten, dann ist man eigentlich in einen Teufelskreis gekommen, den wir mit dem Burn-On-Syndrom beschreiben.[1]

Es geht nicht nur um eine erschöpfende Arbeitswelt, die auf Leistung, Geld und Ansehen ausgerichtet ist. Es geht auch um das Privatleben, das keine echte Entspannung mehr bietet, sondern in dem sich der Leistungsgedanke fortsetzt. So wird aus dem Sport, der eigentlich ein entspannender Ausgleich sein soll, ein kompetitiver Fitnesswahn. Der Beautykult schafft es, dass sich schon junge Menschen vermeintlich »schöner« operieren lassen wollen, und selbst die Urlaubsreise wird zum »Statement«.

Dass dieser Zustand der ständigen Erschöpfung und des unbedingten und allumfassenden Leistungswillens nun sogar einen Namen hat und fachlich beleuchtet wird, zeigt, wie tiefgreifend und omnipräsent diese gesellschaftliche Entwicklung ist. Und dass sie nicht nur einzelne Personen betrifft, sondern strukturelle und systematische Ursachen hat.

Die Historikerin Sarah Christine geht sogar noch einen Schritt weiter und sagt: »Erschöpfungsphänomene und kollektive Erschöpfungsphänomene sind immer politisch« und verknüpft diese Erkenntnis mit der Frage nach den Grenzen dessen, was wir menschlich und gesellschaftlich überhaupt zu leisten imstande sind.[2] Denn auch wenn es sich wie eine persönliche Tragödie anfühle, stecke dahinter, dass wir alle Teil eines Systems sind, das durch seine strukturellen Voraussetzungen bestimmt wird. Hier lohnt es sich, die Zusammenhänge einmal näher zu beleuchten. Wie genau sieht dieses System also aus?

Schauen wir uns die Basics an: Deutschland ist eine konstitutionelle Demokratie. Das bedeutet, dass die Verfassung – das Grundgesetz – die Ausgestaltung des politischen Systems reglementiert. Zusätzlich gewährt das Grundgesetz uns als Bürger*innen ausgewählte Grundrechte. So garantiert es als zentrales Versprechen, dass vor dem Gesetz alle Menschen gleich sind.

Niemand darf aufgrund seines Geschlechtes, seiner Abstammung, seiner Rasse,[3] seiner Sprache, seiner Heimat und Herkunft, seines Glaubens, seiner religiösen oder politischen

Anschauungen benachteiligt oder bevorzugt werden. Niemand darf wegen seiner Behinderung benachteiligt werden.[4]

Die Schaffung gleichwertiger Lebensbedingungen in ganz Deutschland hat Verfassungsrang. Doch zwischen dem Anspruch der Verfassung und der Wirklichkeit klafft mitunter eine große Lücke.

So stellt beispielsweise der Jurist Ronen Steinke in unserem Strafsystem systematische Ungerechtigkeiten fest, bei welchen wohlhabende Menschen begünstigt und Menschen mit (sehr) wenig Geld benachteiligt werden. Als Beispiel nennt er unter anderem den Drogenkonsum. Während Statistiken schon seit Langem belegen, dass »gut situierte« Menschen sogar mehr Drogen konsumieren als Menschen aus armen Verhältnissen, stehen Letztere eher vor Gericht. Die Polizei erfährt nicht, was hinter geschlossenen Türen in teuren Hotelzimmern geschieht – auf der Straße hingegen stehen die Menschen im Visier und die Drogenstraftaten werden sichtbarer.[5]

Aber auch unser Bildungssystem macht diese Schieflage deutlich: In keinem anderen Land der westlichen Welt ist die Abhängigkeit zwischen dem Bildungsgrad sowie dem Einkommensstatus der Eltern und dem schulischen Erfolg der Kinder so groß wie in Deutschland.[6] So wird Kindern bereits sehr früh vermittelt, ob sie in ihrem späteren Leben einmal Chancen auf großen Erfolg haben oder nicht. Bei diesem »Aussieben« spielen nicht objektiv bewertete Leistungen, sondern das Elternhaus und damit zusammenhängende Privilegien eine entscheidende Rolle. Gerecht ist das nicht. Und dieses Phänomen setzt sich auch nach der Schulzeit fort.

Das Versprechen, dass alle Menschen sich frei entfalten und in Würde leben dürfen, ist in Wirklichkeit oft ein unfairer und knallharter Kampf, der nach den Prinzipien des Kapitalismus funktioniert: Gewinnmaximierung und ständiges Wachstum um jeden Preis, auch wenn dabei viele Menschen auf der Strecke bleiben. Die Philosophin Nancy Fraser kommt in ihrem Buch *Allesfresser* sogar zu dem Schluss, dass die Prinzipien des Kapitalismus schon lange nicht mehr nur für die Wirtschaft gelten, sondern sich durch unser gesamtes Sozialgefüge ziehen und damit soziale Beziehungen genau wie wirtschaftliche behandelt werden.[7] Der permanente Wettbewerb treibt nicht nur das System, sondern auch uns als Individuen beruflich wie privat zu dauerhafter Leistung an. Kein Wunder also, dass immer mehr Menschen mit Erschöpfungssymptomen kämpfen. Doch wieso machen wir immer weiter, obwohl wir doch sehen und immer wieder vorgehalten bekommen, dass Limits erreicht sind und wir in vielerlei Hinsicht gegen Wände laufen? Wenn das System dann auch noch beginnt zu bröckeln, weil sich erste Kipppunkte ankündigen (wie beispielsweise im Gesundheitssektor), lohnt es sich, genauer hinzuschauen.

Genau das habe ich getan. Ich habe mit Expert*innen aus Politik, Wirtschaft, Wissenschaft und dem Gesundheitswesen diskutiert. Dabei kristallisierten sich für mich vier Hauptgründe heraus, die dafür verantwortlich sind, dass wir so müde sind – und trotzdem immer weiterrennen. Ich will mit dieser Auflistung keinen Anspruch auf Vollständigkeit erheben. Ich denke aber, dass gerade diese vier Gründe nicht nur gesellschaftlich relevant, sondern auch politisch veränderbar sind – und deshalb unbedingt diskutiert werden sollten.

1. Die ungerechten Machtstrukturen. Viele Menschen in unserem Land müssen tagtäglich für ihren Lebensunterhalt und ihre Existenzgrundlage kämpfen und werden dabei kaum gesehen, gehört, verstanden oder akzeptiert. Anderen scheint das vermeintlich gute Leben mit Haus, Garten und Karriere nur so in den Schoß zu fallen. Der Grund dafür sind die ungleich verteilten Privilegien. Vielen fehlen wichtige Zugänge, beziehungsweise die Möglichkeit, sich wirklich frei entfalten oder bestimmen zu können. Denn die Ausgangsbedingungen für den Bildungsweg, die berufliche Karriere, Gesundheit, Teilhabemöglichkeiten oder die Lastenverteilung in unserer Gesellschaft sind mitunter sehr ungerecht. Während also einige wenige die Macht haben, zu bestimmen, verwenden sehr viele andere viel Energie darauf, mitzuhalten – manchmal vergeblich.

2. Die unvollendete Emanzipation. Mit dem Ziel, sich gegen diese Ungerechtigkeiten der herrschenden Machtstrukturen zu stellen, versucht die Emanzipation, den Zustand der Ungleichheit aufzulösen und eine rechtliche und gesellschaftliche Gleichstellung zu erzielen. Doch dieser Kampf um Teilhabe oder das Tragen höherer Lasten ist noch längst nicht abgeschlossen. Sowohl der politische Kampf als auch das Fortbestehen von Ungleichheiten wirken in hohem Maße erschöpfend.

3. Die Prinzipien des Kapitalismus. Wir werden von klein auf darauf getrimmt, zu funktionieren, uns anzupassen und zu leisten. Der Wettbewerb um die beste Performance beginnt ohne unser Zutun schon vor dem Eintritt in die Kita und endet erst im hohen Alter – wenn überhaupt. Der übertriebene Leistungsdruck sowie der stetige Wettbewerb um alles und für alles ziehen sich durch unser Leben und haben nachhaltige und vielfältige Auswirkungen. Egal, wie sehr wir uns anstrengen, die Schlausten, Fleißigsten, Schönsten, Beliebtesten oder Erfolgreichsten zu sein, wir erreichen niemals das Optimum und rennen deshalb immer wieder neuen Zielen hinterher, was Kraft kostet. Zudem greift die Arbeitswelt immer stärker in unser Privatleben ein. So angenehm die Errungenschaft der Smartphones und Tablets für die Abwicklung unseres Lebens auf der einen Seite sein mag, so führt sie auf der anderen Seite auch dazu, dass wir kaum mehr richtig abschalten und für alle Aufgaben permanent erreichbar sind. Fehlende Pausen führen langfristig zu einem Anstieg des Gefühls des Burn-ons oder gar direkt in den Burn-out.

4. Krisen als Katalysator. Seit der Coronakrise hat sich unser Gefühl einer kollektiven Erschöpfung verstärkt. Soziale Isolation, wirtschaftliche und persönliche Existenzängste sowie massiver Kontrollverlust haben bis heute ihre Spuren hinterlassen. So ist beispielsweise laut WHO die Anzahl von Depressionen und Angststörungen weltweit allein im ersten Pandemiejahr um 25 Prozent gestiegen.[8]

Insbesondere durch das Auftreten neuer und massiver Krisen, wie dem Krieg in der Ukraine, der Inflation und der Bedrohung durch den Klimawandel, wachsen diese Effekte zusehends. Diese Polykrise wirkt wie ein Katalysator für Schieflagen der Gesellschaft.

Diese vier Bereiche beschreiben Umstände, die von Einzelnen nur symptomatisch bis gar nicht zu beeinflussen sind. Machtstrukturen, Leistungszwang gepaart mit ungesunden Arbeitsbedingungen und dem kollektiven Anspruch dauernder Erreichbarkeit, unvollendete Emanzipation und Krisen strukturieren durch geschriebene und ungeschriebene Regeln unsere Gesellschaft. Deshalb müssen sie in der Summe als ganzheitliche und systematische Ursache für eine immer müder werdende Bevölkerung betrachtet werden. Wir dürfen die Verantwortung für Erschöpfungssymptome nicht allein auf das Individuum schieben – frei nach dem Motto:»Sie hat sich wohl übernommen. Hätte sie mal besser auf sich aufgepasst!« Im Gegenteil – diese Art von Problemen ist *immer* politisch.

Deshalb müssen wir endlich anfangen, diese strukturellen Grundvoraussetzungen radikal zu hinterfragen und zu ändern. Wir müssen unser System infrage stellen. Denn in manchen Bereichen gibt es bereits ernst zu nehmende Warnsignale dafür, dass dies in einem Systemkollaps münden könnten, wenn wir nicht gegensteuern. Fangen wir also zunächst damit an, das Problem genauer zu verstehen, dann können wir es an der Wurzel packen.

Der erste Schritt –
Macht verstehen

Wie entstehen die gesellschaftlichen Grundbedingungen für unseren Status Quo und wie bleiben sie erhalten? Die Antwort: durch Macht. Jedes System wird von Machthabenden und Machtstrukturen getragen.

Wir müssen uns also die Frage stellen, was Macht überhaupt ist, wer als »mächtig« gilt und wie diese Menschen an die Macht kommen.

Laut dem Soziologen Max Weber bedeutet Macht »jede Chance, innerhalb einer sozialen Beziehung den eigenen Willen auch gegen Widerstreben durchzusetzen, gleichviel, worauf diese Chance beruht«.[9] Dabei kann sie von einzelnen Personen, von Gruppen, Organisationen oder sogar von ganzen Staaten und Regierungen ausgeübt werden. Und sie kann von gesellschaftlichen Prägungen ausgehen – hier sprechen wir dann von Machtstrukturen.[10]

Mächtig sind also die, die bestimmen. Zum Beispiel Politiker*innen. Macht*strukturen* beschreiben die faktischen Zugänge oder Blockaden zur Macht – also die Mittel und Wege, die nötig sind, um Macht zu erlangen. Es geht in den Strukturen um die Frage, wer überhaupt eine Chance hat, mächtig zu werden, beziehungsweise wie diese Zugänge blockiert werden.

In den meisten Gesellschaften sind es die politisch Herrschenden, die die größte Macht besitzen und mit dieser die Regeln und die Verteilung von Ressourcen bestimmen. Es gibt jedoch auch Beispiele dafür, dass nicht die Personen, die formal gewählt oder ernannt sind, die eigentliche Macht haben, sondern diejenigen, die das meiste Geld haben. Ein Beispiel hierfür ist eine Investorin in einem Bauprojekt, die zwar formal keine Macht über die öffentliche Stadtplanung hat, aber dennoch durch die Aussicht auf eine entscheidende Investition für die Stadt über die Ausgestaltung des Bauprojekts (mit)bestimmen kann. Entsprechend groß ist die Empörung in der Wirtschaft, wenn Politiker*innen es wagen, sich ihren Bauplänen entgegenzustellen. Das ist ein Beispiel für einen klassischen Machtkampf, wie ich ihn in meiner Laufbahn sehr oft geführt habe.

Die meisten Menschen haben jedoch gar nicht erst die Chance, Macht zu erlangen, gesellschaftlich mitzubestimmen und ihre Bedürfnisse durchzusetzen. Denn die reale Macht besitzen oft nur einige wenige und sehr ausgewählte Personenkreise, die einer vermeintlich machtlosen Mehrheit gegenüberstehen.

Machtstrukturen beinhalten also Hierarchien. Mehr noch: In unserer Gesellschaft beruhen sie auf einem System, das von Ausbeutung lebt. Also dem Mechanismus, nach dem die Mächtigen ihren Einflussreichtum auf der Ausbeutung der weniger oder gar nicht Mächtigen begründen.

Überspitzt gesagt: Würde beispielsweise der Betreiber einer Kupfermine in Sambia keine auf die Bezahlung angewiesenen Menschen finden, die unter lebensbedrohlichen Bedingungen dort die heiß begehrten Rohstoffe schürfen würden, dann würde er auch keine horrenden Gewinne machen.

Diese Ausbeutung stützt sich dabei auf drei Säulen, die alle ineinandergreifen: Patriarchat, Kapitalismus sowie Rassismus.

Ich versuche, diese Verschränkung anhand der Klimakrise zu verdeutlichen.

Schauen wir uns zuerst die erste Säule an: das **Patriarchat**. Dieses basiert auf dem Verständnis, dass es einen Gegensatz von Männlichkeit auf der einen und Weiblichkeit auf der anderen Seite gibt. Der Patriarchats-Begriff kann aus verschiedenen Perspektiven betrachtet werden, politisch, soziologisch, etymologisch oder feministisch. Prinzipiell geht es darum, dass unsere Kultur, unsere Werte und Normen von Männern kontrolliert, dominiert und repräsentiert werden. Die Soziologin Maria Mies beschreibt, dass die feministische Bewegung den Begriff für sich als Kampfbegriff aufgegriffen habe, weil dieser die historische und gesellschaftliche Dimension der Ausbeutung und Unterdrückung der Frauen anzeige.[11] Das Männliche gilt stets als besser, kompetenter, wertvoller und damit einflussreicher als das Weibliche. Das Männliche wird also aus der Reproduktion und Verinnerlichung tradierter Denkweisen heraus als stärker und überlegen empfunden.

Dabei wird dann das *Denken* der Männlichkeit und im Gegensatz dazu die *Emotionalität* der Weiblichkeit zugeschrieben. *Kraft und Härte* gelten als männlich, *Weichheit und Schwäche* als weiblich.

Beziehen wir dies auf die Klimakrise, so entspricht die Ausbeutung unserer endlichen Ressourcen ebenfalls im Grundsatz dieser Dualität – nämlich der Idee der Kultivierung der Natur und der damit verbundenen Gegensätzlichkeit. Die *Kultur* wird dabei der Männlichkeit und die *Natur* der Weiblichkeit zugeordnet. Anders gesagt: Wir verstehen uns als »Herren« über die Erde und nehmen uns das Recht heraus, uns an ihr zu bedienen und die natürlichen Ressourcen zu unserem Vorteil zu nutzen. Wir gehen also davon aus, hierarchisch »über« der Natur zu stehen. Dass das nicht stimmt, zeigen uns diverse Naturkatastrophen immer wieder eindrücklich.

»Das Männliche« (die »Herren«) sieht sich also in der Position, »das Weibliche« (die Natur) ausbeuten zu dürfen. Genau dies ist die Basis des Patriarchats, in dem Männlichkeit, stereotypische männliche Verhaltensweisen und Lebensläufe bevorzugt werden und als besonders wertvoll gelten. Der Mann gilt hierbei als vermeintliche Norm, wodurch eine hierarchische Geschlechterbeziehung entsteht, in der dominante, autoritäre Verhaltensweisen als erfolgversprechend gelten, während in unserer Gesellschaft weiblich konnotierte Verhaltensweisen (also Empathie und Emotionalität) abgewertet werden.

Ich kann gar nicht zählen, wie oft Männer versucht haben, mich inmitten einer angeregten Sachdebatte zu degradieren, indem das Totschlagargument gebraucht wurde, meine Haltung zu einem Thema sei »zu emotional« oder »aus dem Bauch heraus«, während viele Männer sich selbst den »analytischen Blick« zuschreiben. Erst der von mir wiederholt angebrachte Hinweis auf den Sexismus in diesem unangebrachten Vorwurf hat geholfen.

Das Ziel »männlicher Dominanz« ist klar: mehr Macht, um die Fäden in der Hand zu behalten. Oft ist dies auch mit finanziellen Interessen verbunden. Und hier kommt der **Kapitalismus** ins Spiel, der unsere Wirtschaft so strukturiert, dass alles auf ständigen Wettbewerb, Wachstum und maximalen Profit abzielt. Im Kapitalismus haben demnach diejenigen mit den höchsten finanziellen Mitteln, eben dem Kapital, auch die größte Macht.

Doch was genau ist das Problem der Steigerung von Wohlstand? Profitieren wir nicht alle davon? Nun, einerseits ist der Kapitalismus auf ständiges Wachstum ausgerichtet – und das ist mit den endlichen Ressourcen unserer Erde schlicht unmöglich. Die Natur setzt der Ausbeutung Grenzen. Und andererseits beruht der Wohlstand unserer westlichen Welt nicht nur auf Fleiß, sondern auf der Ausbeutung der Menschen des globalen Südens.[12] Hier kommt also die dritte Säule ins Spiel: **Rassismus und Ausbeutung**. Menschen im globalen Süden bauen beispielsweise unter lebensgefährlichen Umständen Lithium für unsere Smartphone-Akkus ab oder nähen unter menschenunwürdigen Bedingungen unsere Kleidung. Dabei zeigen sich bis heute die Folgen von Kolonialismus und Sklavenhandel: Gerade in Regionen, aus denen besonders viele Menschen als Sklaven verkauft wurden, fehlten diese Verschleppten über Jahrhunderte zum sozialen und wirtschaftlichen Aufbau. Auch für die Nachfahren der ehemaligen Sklaven im globalen Norden gilt: »Soziale Benachteiligung und Rassismus sind [...] immer noch alltägliche Erfahrungen.«[13]

Während die westliche Welt ihren Wohlstand auf der Ausplünderung des globalen Südens in der Kolonialzeit begründet, bis heute von der andauernden Ausbeutung profitiert und ihren Wachstum vorantreibt, sind zugleich die Auswirkungen der Klimakrise in diesen ohnehin schon benachteiligten Ländern viel verheerender als bei uns, obwohl sie am wenigsten zu ihr beigetragen haben.

Das Beispiel der Klimakrise zeigt, wie Patriarchat, Kapitalismus sowie Rassismus und Ausbeutung miteinander verbunden sind. Sie bilden gemeinsam ein System, in dem sich die Macht in den Händen einiger weniger befindet.

Für Macht gilt immer: Je mehr Macht ich besitze, desto besser kann ich mich durchsetzen. Und andersherum: Je weniger Macht und Einfluss ich habe, desto mehr Widerstände begegnen mir, desto mehr Steine liegen im Weg und desto erschöpfender ist der ständige Kampf, Entscheidungen herbeizuführen und gehört zu werden.

Wenn also nur wenige Menschen viel Macht besitzen, entsteht ein Ungleichgewicht, das zu unfairen Grundvoraussetzungen führt, die Lebensläufe beeinflussen.

Habe ich Geld, kann ich meinem vielleicht weniger motivierten Kind zur Not den Internatsplatz bezahlen. Bin ich mittellose, alleinerziehende Mutter, muss ich um jeden Antrag auf dem Amt kämpfen – immer gepaart mit der Angst, dass dieser nicht bewilligt werden könnte, und den Folgen einer solchen Ablehnung.

Gerade in der Politik wird besonders deutlich, wie wichtig es ist, zu den Mächtigen zu gehören. Das zeigt sich bereits in der Aufteilung in eine Regierung und eine Opposition. Zwar hat die Opposition durchaus die Möglichkeit, auf die Defizite der Regierung hinzuweisen und dadurch auch vereinzelt Einfluss auf das Geschehen zu nehmen, doch in der Regel bestimmen diejenigen, die am Kabinettstisch oder in den Koalitionsfraktionen sitzen, in welche Richtung die politischen Entscheidungen getroffen werden. Auch unabhängig von der Regierungsbeteiligung gibt es große Unterschiede zwischen Politiker*innen, die zum herrschenden Machtzirkel gehören, und jenen, die außerhalb stehen. Die Zugehörigkeit zur »Gruppe der Mächtigen« entscheidet darüber, wie leicht oder mühsam es für mich ist, meine politischen Anliegen durchzusetzen. Politiker*innen mit Macht und Einfluss bekommen die gewünschten Rederunden, das Pressegespräch, den Posten im gewünschten Gremium, die Finanzierung des Wunschprojektes im eigenen Wahlkreis und so weiter. Wer nicht Teil dieser Gruppe ist, hat häufiger das Nachsehen. Informationen kommen nicht an, bei der Verteilung von Ressourcen werden andere bevorzugt. Diese weniger mächtigen Politiker*innen müssen sich deutlich mehr anstrengen, Aufmerksamkeit zu erregen – und haben dann, wenn sie diese erreicht haben, auch noch mit größeren Widerständen zu kämpfen. Beispiele für diesen Mechanismus gibt es übrigens in allen Parteien. Meist zeigt er sich, wenn einzelne Personen oder Gruppen öffentlich Kritik an der Partei- oder Fraktionsspitze äußern und daraufhin nicht mehr bei Wahlen für Parteigremien oder andere Posten berücksichtigt werden. Selbst wenn die Person für die zu besetzende Position am besten geeignet ist, heißt es dann, er oder sie habe sich mit den falschen Leuten verbündet – ebenjenen, die als illoyal gegenüber der Parteiführung gelten. Oder die entsprechende Person habe den Fraktionschef »einmal zu oft kritisiert«. Stattdessen werden dann die »Vertrauten« der Führung zum Beispiel bei den nächsten Wahlen bevorzugt. Loyalität steht also vor Qualifikation.

Aber auch für die vermeintlich Mächtigen ist der Kampf um den Erhalt oder Zugewinn von Macht ermüdend. Denn auch sie müssen permanent mit Angriffen rechnen.

Ich war beispielsweise jahrelang beeindruckt von den Spitzen, mit denen sich der ehemalige Regierende Bürgermeister Michael Müller und der Fraktionsvorsitzende Raed Saleh (beide SPD) gegenseitig attackierten. Es wurde keine Gelegenheit ausgelassen, der jeweils anderen Seite zu demonstrieren, wer am Hebel der Macht sitzt. Erst nach einigen Jahren der öffentlichen Auseinandersetzung wurde hier ein (vermeintlicher) Burgfrieden geschlossen.

Und dieser Kampf macht in jeder Hinsicht müde. Dennoch gehen wir ihn auf allen erdenklichen Ebenen ein, weil Macht oder Einfluss unseren Grad an Freiheit, Selbstverwirklichung und Teilhabe sichert. Der Wettbewerb, der sich daraus aber ergibt, geht an die Substanz. Dabei gibt es natürlich Menschen, die aufgrund ihrer Charakterstruktur eher für Machtkämpfe gemacht sind als andere. Aber das erklärt noch nicht, warum manche Menschen all ihre Kraft und Energie dafür aufwenden müssen, um kleine Stufen auf der Leiter emporklettern zu können, während anderen vielfältige Entfaltungsmöglichkeiten in die Wiege gelegt werden.

Um diesen Umstand besser zu verstehen, können wir uns ein Wettrennen vorstellen, zum Beispiel einen 500-Meter-Lauf, an dem wir alle teilnehmen. Einige von uns haben kein Geld, um die richtigen Schuhe für dieses Rennen zu kaufen, und müssen barfuß die Schotterbahn betreten. Anderen fehlt es an körperlichen Voraussetzungen, um das Rennen bestreiten zu können. Wieder andere bekommen einen großen Vorsprung zugeschrieben und dürfen bereits an der 250-Meter-Marke an den Start gehen. Und dann gibt es noch die, die keine Zeit hatten, ausgiebig zu trainieren, weil sie damit beschäftigt sind, sich »ganz nebenbei« um Kinder und Haushalt zu kümmern. Wir alle gehen also mit verschiedenen Voraussetzungen an den Start dieses Rennens. Die Regeln des Wettkampfes bevorzugen dabei bestimmte Voraussetzungen, während sich aus anderen ein Nachteil ergibt, sie sind demnach auf einige Menschen zugeschnitten. Der Rest, der durch das Raster fällt, muss sich viel mehr anstrengen als Menschen, die von den Regeln profitieren. Und die Chance, zu gewinnen, ist trotzdem extrem gering – selbst wenn sie alles geben.

Das klingt alles höchst unfair, doch so gestaltet sich der Kampf um die Macht in unserer Gesellschaft. Das System, also die Wettkampfregeln, verstärkt die Effekte der unterschiedlichen Voraussetzungen, mit denen die Teilnehmer*innen an den Start gehen, nur zusätzlich. Und genau diese Effekte, diese Diskriminierungen, werden wir uns jetzt näher anschauen.

Chancenarm vs. chancenreich

Wer bei unserem Rennen um die Macht gewinnt, lässt sich anhand einer einfachen Formel erklären: Je mehr Privilegien Menschen haben, desto schneller und leichter kommen sie ans Ziel. Diese unverdienten faktischen Vorteile hängen zusammen mit sozialer Ungleichheit, insbesondere in Bezug auf Alter, Behinderung, ethnische Zuordnung, Hautfarbe, Geschlecht, Geschlechtsidentität, sexuelle Orientierung, Religion und/oder soziale Klasse.[14]

Fehlende Privilegien werden zu Diskriminierungsmerkmalen.

Die Ausgangsbedingungen eines privilegierten Menschen auf ein selbstbestimmtes Leben stehen besser als bei einer Person, die weniger Privilegien hat. Die Chancen, das Beste aus dem eigenen Leben zu machen, und die Möglichkeiten, auf Macht zuzugreifen, sind also höher.

In den Niederlanden unterscheidet man sprachlich deshalb zwischen chancenarmen und chancenreichen Menschen. Sehr treffende Begriffe, wie ich finde. Denn wenn wir die ungleiche Lastenverteilung und die Chancenungerechtigkeit in unserer Gesellschaft auflösen wollen, dann müssen wir in erster Linie dafür sorgen, dass mehr Menschen mehr Chancen bekommen, unabhängig davon, unter welchen Rahmenbedingungen oder mit welchen Privilegien sie geboren wurden.

Woran erkenne ich nun, wie viele Chancen Menschen haben?

Der niederländische Journalist und Autor Joris Luyendijk hat sich in dem Buch *De zeven vinkjes* (Die sieben Häkchen) diesen versteckten Merkmalen gewidmet und dabei sieben Privilegien identifiziert, mit denen man mit »Rückenwind« durchs Leben und in Machtpositionen kommt.[15] Ich habe seine Liste nicht nur etwas ergänzt, sondern den Privilegien (links) zugleich die entsprechenden Diskriminierungsmerkmale gegenübergestellt. Das hat den Vorteil, dass nicht nur ersichtlich wird, welche Privilegien mir helfen, schneller und leichter im Leben voranzukommen, sondern auch offengelegt wird, auf welchen Ebenen ich Gefahr laufe, Diskriminierungserfahrungen zu sammeln, wenn ich nicht der privilegierten Gruppe angehöre:

männlich	weiblich, nicht-binär, inter, trans
mindestens ein in Deutschland geborenes Elternteil	beide Elternteile wurden im Ausland geboren (dabei spielt das Geburtsland eine große Rolle)
jung	alt
heterosexuell	queer
weiß	Black, Indigenous, People of Color
gebildet (Abitur und Hochschulabschluss)	ohne Hoch-/Schulabschluss
christlich oder konfessionslos	Mitglied einer anderen Glaubens-/ Religionsgemeinschaft (insbesondere Judentum/Islam)
finanziell abgesichert/wohlhabend	ohne finanzielle Absicherung/arm
nicht-behindert	behindert, chronisch krank

Die hier aufgeführten Privilegienkategorien finden sich überall in unserem Alltag. Schon ihre Omnipräsenz macht deutlich, wie stark diese Faktoren unser aller Leben strukturieren und wie groß ihr Einfluss darauf ist, ob wir Ungerechtigkeiten oder Ungleichheiten erfahren.

Den hier genannten Kategorien kommen außerdem weitere einschränkende Faktoren hinzu, wie beispielsweise die ungleiche Verteilung zeitlicher Ressourcen. Erinnern wir uns an unser Wettrennen: Menschen, die keine Sorgearbeit leisten müssen, haben viel mehr Zeit, für den Wettkampf zu trainieren. Menschen, die sich um andere kümmern, mehreren und/oder sehr kräftezehrenden Jobs nachgehen müssen oder aufgrund chronischer Krankheiten viel Zeit bei Ärzt*innen verbringen müssen, haben sowohl für das »Wettrennen« an sich als auch für das »Training« vorher weniger Ressourcen. Sie müssen tagtäglich gegen die äußeren Strukturen ankämpfen. Das wiederum führt dazu, dass sie weniger Kraft als auch Zeit haben, sich bietende Chancen wahrzunehmen. Sie sind *chancenärmer*.

Wie stark Menschen von Chancenarmut betroffen sind, ist vielfältig und abhängig davon, wie viele Diskriminierungsmerkmale sie erfüllen. Denn viele Personen sind von intersektionalen Diskriminierungen, also Mehrfachdiskriminierungen, betroffen, wenn mehrere dieser Faktoren gleichzeitig zusammenkommen.

Ein prägnantes Beispiel hierfür stammt aus den USA: Schon 1976 klagten fünf Schwarze Frauen in St. Louis gegen General Motors: »Die Strategie der Firma ›last hired, first fired‹ traf Schwarze Frauen überproportional. Sie wurden Ziel von betrieblich bedingten Kündigungen. Ihre Klage wegen Diskriminierung wurde allerdings als gegenstandslos zurückgewiesen. Die Begründung des Gerichts lautete, eine Diskriminierung aufgrund rassistischer Markierung bestehe nicht, schließlich arbeiteten mehrere Schwarze Männer bei GM am Fließband. Eine Diskriminierung aufgrund sexistischer Markierung könne nicht festgestellt werden, da mehrere *weiße* Frauen bei GM im Bereich des Sekretariats arbeiteten.«[16]

Diese Klage zeigt sehr anschaulich, dass es nicht darum geht, die einzelnen Diskriminierungsmerkmale einfach in ihrer Wirkung zu addieren, sondern darum, den Fokus auf ihre Überschneidung, also ihre Intersektion, zu richten. Die zugrunde liegende Annahme lautet, dass sich aus der Intersektion »Rassismus + Sexismus« eine andere, neue Form der Diskriminierung ergibt, als wenn man beide Phänomene gesondert betrachtet. Kimberlé Crenshaw, die den Begriff prägte, benutzt in ihren Vorträgen häufig das Bild einer Straßenkreuzung. Diskriminierungen kommen aus verschiedenen Richtungen, die Kreuzung bildet den Mittelpunkt, an dem sich verschiedene Diskriminierungen treffen. Wenn eine Person schutzlos auf dieser Kreuzung steht, ist das Unfallrisiko besonders hoch.[17]

Mittlerweile bezieht sich Intersektionalität auf die generelle Verschränkung unterschiedlicher Kategorien, also zum Beispiel Religion plus Behinderung plus sexuelle Orientierung. Die Kategorien sollen untereinander nicht hierarchisiert werden; es wird also nicht angenommen, dass bestimmte Diskriminierungen schlimmer sind als andere.[18]

Intersektionalität zeigt, wie komplex das System ist, in dem wir uns bewegen – und wie viel Kraft es kostet, Teil dieses Systems zu sein, in dem man ständig diskriminiert wird.

Die Betroffenen befinden sich in einem permanenten Kampf, nicht nur für sich selbst, wie die Autorin Kübra Gümüşay in ihrem Buch *Sprache und Sein* sehr anschaulich darstellt: »Wenn ich, eine sichtbare Muslimin, bei Rot über die Straße gehe, gehen mit mir 1,9 Milliarden Muslim*innen bei Rot über die Straße. Eine ganze Weltreligion missachtet gemeinsam mit mir die Verkehrsregeln.«[19] Sie erklärt, wie diskriminierende Strukturen den

Betroffenen ihre Individualität absprechen und sie stattdessen auf ihre Religion und alles, was dazugehört, reduziert werden: »Sie werden nicht als Mensch wahrgenommen, sondern als Pressesprecherinnen ihrer Religion.«[20]

Auch Tupoka Ogette hat in ihrem Buch *Und jetzt du* diese Problematik benannt. Sie erklärt, wieso es so schlimm ist, dass es »die Norm« auf der einen und »die Anderen« auf der anderen Seite gibt: »Weil mit dem ›Anderen‹ [...] auch ein Verlust von Individualität einhergeht. Die Norm hat nicht nur das Privileg der Zugehörigkeit, sondern auch das Privileg, ein Individuum sein zu dürfen. Nicht für andere sprechen zu müssen.«[21]

Dieses Phänomen gilt nicht nur für Diskriminierungen aufgrund einer Religionszugehörigkeit oder aufgrund von Rassismus, sondern für alle, die weniger Privilegien beziehungsweise mehr Diskriminierungsmerkmale besitzen.

Anstatt diese Menschen als die Personen anzuerkennen, die sie sind, als Individuen mit Stärken, Schwächen, Interessen und Bedürfnissen, werden sie als Kollektiv betrachtet und benannt. Die Folge ist, dass sie täglich dazu gezwungen werden, sich zu erklären und verständlich zu machen. Kübra Gümüşays Fazit dazu ist wenig überraschend: »Es ist erniedrigend. Erschöpfend. Beraubend.«[22]

Diskriminierungen haben Auswirkungen auf die zeitlichen, körperlichen und psychischen Ressourcen von Betroffenen, stellt auch die Journalistin Anna Mayr in ihrem Buch *Die Elenden* fest. Sie weist darauf hin, dass Kinder mit niedrigem sozioökonomischen Status doppelt so häufig an psychischen Störungen leiden wie andere.[23]

Diese diskriminierenden Strukturen anzuerkennen und an ihrem Abbau zu arbeiten, ist wichtig, denn die Betroffenen stoßen immer wieder an die sprichwörtlichen gläsernen Decken und bekommen oft gar nicht erst die Chance, weit zu kommen, sich gut zu vernetzen und das nötige Selbstbewusstsein aufzubauen.

Entgegen mancher Annahme, dass in Deutschland jeder Mensch seine Ziele erreichen kann, wenn die Anstrengung nur groß genug ist, gilt es, anzuerkennen, dass die Voraussetzungen dafür nach wie vor sehr unterschiedlich sind. Bereits unser Wettrennen hat gezeigt, dass von Chancengleichheit nicht die Rede sein kann.

»Benachteiligt, herabgewürdigt oder angegriffen zu werden, nur weil man einer bestimmten Gruppe zugeordnet wird, geht meist nicht spurlos an den Betroffenen vorbei«, warnt auch das Institut für Demokratie und Zivilgesellschaft.[24] Diskriminierung ist verletzend und kann der mentalen Gesundheit schaden, sie beeinflusst das Denken, Fühlen und Handeln – so, als würde man den Teilnehmenden des Wettrennens ein Bein stellen.

Dass der von Diskriminierung ausgehende Hass sogar tödlich sein kann, zeigen beispielsweise die NSU-Morde, der rassistisch motivierte Mehrfachmord von Hanau und der antisemitische Terroranschlag auf eine Synagoge in Halle.

Doch es gibt auch weniger auffällige Beispiele von Diskriminierung, zum Beispiel wenn es um die Kinderarmut in Deutschland geht.

Immer noch lebt in unserem Land mehr als jedes fünfte Kind in Armut.[25] Das bedeutet, dass für diese Kinder in der Regel nicht die Möglichkeit besteht, in kostenpflichtigen Sportvereinen Mitglied zu sein, Kindertheater zu besuchen, ein Instrument zu erlernen, an einem Schwimm- oder Tanzkurs teilzunehmen, mit Lern-Apps auf dem Tablet zu Hause schulische Inhalte zu vertiefen oder in anderen Formen am kulturellen Leben teilzuhaben. Sie haben im Alltag ständig zu kämpfen, um Anerkennung, Leistung und Selbstverwirklichung. Langfristig haben sie dementsprechend nicht die gleichen Chancen wie ein Kind, das mit mehr Privilegien aufwächst. Sie können gar nicht erst das »passende Profil« für Machtpositionen entwickeln, weil sie von Beginn an benachteiligt und damit in der Folge gesellschaftlich abgewertet beziehungsweise ausgebremst werden.

Diese Diskriminierung aufgrund des finanziellen Backgrounds nennt man **Klassismus**. Dabei geht es allerdings nicht nur um den Zugang zu finanziellen Mitteln, sondern auch um Beziehungen und Netzwerke.

Wer durch das Elternhaus die richtigen Kontakte hat, hat größere Chancen als andere. Privilegierte Menschen fördern sich gegenseitig und öffnen sich Türen, weil sie tendenziell »ihresgleichen«, also Personen, die ihnen selbst ähneln, mehr zutrauen. So (be-)fördern Männer beispielsweise mit Vorliebe andere Männer. Die AllBright Stiftung hat diesen sogenannten »Thomas-Kreislauf« untersucht: Männer mit dem Namen Thomas rekrutieren also bevorzugt Männer mit dem Namen Thomas und diese wieder den nächsten Thomas, der ihm ähnlich ist. »Erst im September 2019 gab es in den Vorständen [der an der Frankfurter Börse notierten Unternehmen] erstmals mehr Frauen (66) als Vorstandsmitglieder, die Thomas oder Michael heißen (58)«, fasst es die Untersuchung zusammen.[26]

So entsteht der Effekt, dass sich auf Machtpositionen stets ein ähnlicher Typ Mensch findet – Thomas oder Michael.

Für diesen Typus hat sich im allgemeinen Sprachgebrauch der Begriff des »alten *weißen* Mannes« etabliert (auch wenn es de facto meist mittelalte *weiße* Männer sind). Es sind Männer aus wohlhabenden Familien, die einen Hochschulabschluss haben, (sehr) gut verdienen und in Unternehmensvorständen, politischen Ämtern, aber auch in Sportvereinen oder Organisationen

Spitzenpositionen besetzen. Sie entscheiden über die Verteilung von und den Zugang zu Ressourcen und prägen den gesellschaftlichen Diskurs. Sie definieren, wie viel Leistung »genug« ist. Und sie entscheiden in vielen Bereichen darüber, wer neben oder nach ihnen in wichtige Positionen gehoben wird. Das Ergebnis: Es rücken die nächsten privilegierten Menschen – überwiegend Männer – nach. Das passiert in den meisten Fällen völlig unbewusst und nicht aus Böswilligkeit. »Unconscious Bias« nennt man diese internalisierten Vorurteile und Stereotypen, die fest verwurzelt sind und unser Denken prägen, ohne dass wir es merken. Je nachdem, in welchem Umfeld Menschen aufgewachsen sind, haben sie gewisse »gesellschaftliche Codes« gelernt – der Soziologe Pierre Bourdieu bezeichnet diese Codes als »Habitus«.[27] Dazu gehört in elitären Kreisen beispielsweise das Verhalten bei Geschäftsessen – was bestellt man, welche Preisspanne ist in Ordnung? Wie viel Alkohol ist angemessen? Welches Glas ist für welches Getränk? Ist ein lockerer Spruch okay? Auch der Small Talk mit wichtigen Entscheider*innen, die Pflege eines Netzwerks oder eine gewisse kulturelle Bildung gehören dazu. Wenn man in eine reiche Familie hineingeboren wurde, sind diese Dinge häufig selbstverständlich. Und jede*r, der oder die diese nicht beherrscht, fällt aus dem Raster, wird schräg beäugt und als weniger kompetent empfunden, weil diese »Codes« nicht erlernt wurden.

Viele Menschen sind bei der Auswahl der nachfolgenden Entscheider*innen also tatsächlich davon überzeugt, dass sie völlig vorurteilsfrei »den besten Kandidaten« gewählt haben, der den passendsten Lebenslauf mitbringt und »gut hineinpasst«. Sie sind oftmals tatsächlich der Meinung, dass es Chancengleichheit gäbe, weil sie sich in ihrer Situation gar nicht mit (fehlenden) Privilegien auseinandersetzen müssen.[28] Sie halten möglicherweise an ihrem Glauben an eine gerechte Welt fest, in der jede*r bekommt, was sie oder er verdient. Dieser Gerechte-Welt-Glaube führt bestenfalls beim Erleben von Ungerechtigkeit dazu, dass Menschen anfangen, wieder für mehr Gerechtigkeit zu kämpfen – er kann aber auch dazu führen, dass Ungerechtigkeiten nicht wahrgenommen oder uminterpretiert werden, sodass die Opfer stets eine Mitschuld haben und Benachteiligungen zerredet werden.[29]

So entsteht der Gedanke, dass alle Bewerber*innen gleich behandelt werden und jede*r eine Chance habe. Dass es am Ende wieder ein *weißer* Mann mittleren Alters mit dem Vornamen Michael oder Thomas geworden ist, sei Zufall. Er habe einfach das passende Profil.

Privilegien prägen Unconscious Bias und das, was als »normal« oder »gut« empfunden wird. Ich will mich davon nicht ausnehmen, niemand kann das – denn wir alle sind in diesem System sozialisiert und internalisieren deshalb diese Muster.

All das bedeutet nicht, dass diskriminierende Strukturen den Betroffenen das Erreichen von Machtpositionen grundsätzlich verwehren, natürlich gibt es Ausnahmen. Eine dieser Ausnahmen bin ich selbst. Denn auch mir fehlen viele Privilegien und ich habe es trotzdem in die Spitzenpolitik geschafft. So bin ich beispielsweise entgegen aller gängiger Vorurteile, die Grünen-Politiker*innen oft entgegengebracht werden, als Tochter von zwei Nicht-Akademiker*innen aufgewachsen. Mein Vater ist gelernter Krankenpfleger und meine Mutter gelernte Friseurin. In meiner gesamten Familie bin ich die Erste, die Abitur gemacht und studiert hat. Noch gewichtiger ist aber die Tatsache, dass meine Eltern sich früh getrennt haben und ich damit erst bei meiner alleinerziehenden Mutter, später bei meinem alleinerziehenden Vater gelebt habe und wir streckenweise bitterarm – im

Sinne der definierten Armutsgrenzen – waren. Das hatte und hat große Auswirkungen auf mein Leben. Kinderarmut bedeutet sehr oft, nicht dazuzugehören. Auch ich wurde auf dem Schulhof ausgelacht, weil ich gebrauchte oder sehr billige Kleidung trug. Weil wir häufiger von Krankheiten betroffen waren. Weil mir Schulsachen fehlten oder ich aufgrund familiärer Umstände im Unterricht fehlte.

Ich hatte trotzdem Glück: Sowohl in der Grundschule als auch später auf der Oberschule hatte ich Lehrer*innen, die mich gefördert und mein Talent erkannt haben. Ohne sie hätte ich es wahrscheinlich nicht geschafft. Hinzu kam eine Zeit, in der das Berliner Schulsystem sehr viel Infrastruktur zur Verfügung stellte: Schulbücher und Lehrmaterial waren kostenlos und wurden von den Lehrkräften verteilt. Nach der Schule gab es Schülerhilfen und kostenlose Nachbarschaftsangebote für Kinder. All das hat mir sehr geholfen, meine angeborenen Startschwierigkeiten auszugleichen und meine Möglichkeiten entfalten zu können.

Und natürlich besitze auch ich Privilegien, die mir das Leben im Vergleich zu anderen dann doch leichter gemacht haben. So bin ich zum Beispiel *weiß*, hetero und ohne Behinderung. Wie mein Name nur halb erkennen lässt, habe ich zwar einen Migrationshintergrund, dieser hatte in meinem Fall aber so gut wie keine Diskriminierungserfahrung zur Folge. Meinen Bildungsnachteil konnte ich durch ein Hochbegabtenstipendium ausgleichen und schon damals fiel es mir nicht allzu schwer, mich gegen verschiedene Widerstände aufzulehnen.

Dennoch: In einem überwiegend patriarchalen und akademisch geprägten Politikbetrieb musste ich tagtäglich für meinen Weg kämpfen. Ich konnte weder auf berufliche Netzwerke meiner Eltern im Studium oder beim Berufsstart zurückgreifen noch boten sie mir finanzielle Absicherung. Auch musste ich im Laufe der Jahre die Sprache und Codes der Eliten üben und mir den Habitus der höheren Gesellschaft beibringen. Dazu kamen fast täglich Erfahrungen mit sexistischer Diskriminierung. Allein der Umgang damit kostet immer wieder Kraft, die mir dann an anderer Stelle fehlt. Aus eigener Erfahrung kann ich also sagen, dass der Weg »nach oben« sehr viel Energie und Ausdauer kosten kann.

Je mehr Diskriminierungsmerkmale vorhanden sind, desto schwieriger wird es. Weil niemand einen unerschöpflichen Pool an Kraft und Schutzmechanismen hat. Und je erschöpfender die diskriminierenden Angriffe und der Kampf gegen diese sind, desto weniger Energie bleibt übrig, um den Rest zu bewältigen.

Trotzdem und zum Glück sehen wir heute immer mehr Menschen, die nicht *weiß*, hetero und männlich sind, wenn wir uns in der Politik, Wirtschaft oder Medienlandschaft umschauen.

Da ist Uğur Şahin, CEO von BioNTech, ein Kind türkischer Einwanderer und Muslim. Oder Anne Will, die homosexuelle ARD-Moderatorin. Oder auch die Schwarzen Ministerinnen Aminata Touré in Schleswig-Holstein und Doreen Denstädt in Thüringen. Doch dass wir überhaupt solche Beispiele benennen müssen und diese immer noch als Ausnahme empfinden, zeigt, an welch beschämendem Punkt wir in der Debatte um Chancengleichheit stehen.

Das Elend um den Machterhalt

Obwohl also viele unserer Lebensbereiche mittlerweile diversifiziert werden, geht dieser Prozess viel zu langsam voran und spiegelt noch lange nicht die tatsächliche Zusammensetzung unserer Gesellschaft wider. Das lässt sich auch an der Struktur des Bundestags ablesen. Die Verteilung der Sitze im Parlament ist kein repräsentatives Abbild der Realität. Ein Beispiel: Das Bundesamt für Migration und Flüchtlinge hat berechnet, dass in Deutschland »zwischen 5,3 und 5,6 Millionen muslimische Religionsangehörige mit Migrationshintergrund aus einem muslimisch geprägten Herkunftsland [leben]. Dies sind zwischen 6,4 und 6,7 Prozent der Gesamtbevölkerung.«[30] Im Bundestag allerdings gehört gerade mal ein Prozent der Abgeordneten dieser Glaubensrichtung an.[31]

Zudem wird der Bundestag zwar immer wieder als besonders weiblich dargestellt, doch tatsächlich sind gerade mal 34,9 Prozent der Abgeordneten Frauen[32] – in der deutschen Bevölkerung sind es etwa 51 Prozent[33], also die Mehrheit.

Dass sich das nicht von allein ändern wird, liegt auch daran, dass Menschen in Machtpositionen ein Interesse daran haben, an ihrer Macht festzuhalten – zur Not durch sogenannte strukturelle Gewalt. Dabei nutzen sie einerseits ihre Machtposition aus, andererseits breiten sie einen Mantel des Schweigens über diesen Machtmissbrauch. Wir erinnern uns an die Netzwerke, die mächtige Personen aufbauen. Demgegenüber stehen Betroffene, die oft kaum eine Chance haben, sich gegen diese Gewalt zu wehren; sei es, weil sie sich schämen, weil sie von mächtigen Personen abhängig sind oder weil sie Angst haben, als Lügner*innen abgestempelt zu werden.

Eines der bekanntesten und widerwärtigsten Beispiele aus dem internationalen Kontext ist der Skandal um den US-amerikanischen Investmentbanker Jeffrey Epstein. Ihm wurde vorgeworfen, zahlreiche minderjährige Mädchen sexuell missbraucht zu haben und ein Netzwerk einflussreicher Freunde aufgebaut zu haben, die wiederum systematisch junge Mädchen missbrauchten. Neben dem Skandal des Verbrechens an sich bestand der zweite Skandal im Urteil nach seiner ersten Festnahme: lediglich eine Entschädigungszahlung und lächerliche 18 Monate Haft. Während dieser Haft durfte er zudem an sechs von sieben Tagen bis zu zwölf Stunden zum Arbeiten das Gefängnis verlassen. Nach 13 Monaten wurde er wegen guter Führung entlassen. Im Zuge der Verurteilung musste das FBI die Untersuchung einstellen und möglichen Mitverantwortlichen Immunität gewährleisten – so schützten sich die Eliten gegenseitig.[34]

Dass so etwas möglich war, lag einzig und allein an Epsteins Reichtum und seiner Vernetzung mit den amerikanischen Machteliten. Als »Normalbürger« wäre auch er bei solch einem Verbrechen wahrscheinlich angemessen hart bestraft worden und nicht so einfach davongekommen.

Auch in Deutschland gibt es genügend Beispiele, die veranschaulichen, wie ungleich die Bewertung und die Konsequenzen des Handelns sind. So kommt Martin Winterkorn, der ehemalige Vorstand von VW, nach dem Diesel-Skandal, bei dem Millionen Fahrzeuge manipuliert wurden, glimpflich davon. Er musste zwar für seine Verfehlungen 11,2 Millionen Euro zahlen – rechnet man jedoch seinen Ruhegeldanspruch und die Leistungsboni gegen, wird schnell deutlich, dass der Schmerz nicht allzu groß gewesen sein dürfte.[35]

Wohingegen Menschen, die dreimal ohne Fahrschein gefahren sind und sich das Bußgeld nicht leisten können, mitunter sogar Haftstrafen abbüßen müssen.[36]

Immer wieder zeigt sich also: Wer sich in einer sicheren Position befindet, ist nicht so leicht angreifbar. Macht schützt die Mächtigen und die Mächtigen schützen ihre Macht.

Umso erfreulicher, dass wir gerade in den letzten Jahren erste Anzeichen eines Wandels erleben. So finden wir immer mehr Frauen in Spitzenpositionen und -ämtern – auch wenn sie, um zu diesen Positionen zu kommen, nach wie vor viel härter kämpfen müssen als ihre männlichen Kollegen. Wir erinnern uns an Kübra Gümüşay: Auch hier wird als Begründung für individuelle Fehler immer noch gern das Totschlagargument herangezogen, dass das gesamte weibliche Geschlecht für eine bestimmte Position ungeeignet wäre.

Besonders Frauen stehen im Politikbetrieb also gleich unter einer doppelten Belastung: Sie müssen sich in einem System behaupten, das nicht für sie gemacht ist, und sie werden dabei als Stellvertreterinnen ihres Geschlechts besonders kritisch beäugt. Diese Kritik drückt sich oftmals durch sprachliche Gewalt aus.

Als ich meine ersten politischen Erfahrungen machte, war ich in den Gremien, in denen ich saß, oft die einzige Frau. Meldete ich mich zu Wort, wurde ich häufig ignoriert. Als es mir irgendwann einmal zu bunt wurde, rief ich einfach rein. Einer der Ausschussvorsitzenden entgegnete mir daraufhin rüde: »Fräuleinchen, haben Sie mal ein bisschen Geduld. Sie kommen schon noch dran, wenn ich glaube, dass die Zeit dafür gekommen ist.«

Der Ton spricht wohl für sich. Jahre später hat sich dieser Mann übrigens bei mir entschuldigt. Für eine solche Anerkennung müssen Frauen wie ich kämpfen, obwohl sie eigentlich eine Selbstverständlichkeit sein sollte.

Noch schlimmer geht es allerdings in den Parlamenten zu, seit die AfD Einzug gehalten hat. Im Bezug auf Burkaträgerinnen gab es unter anderem folgende Äußerung im Parlament: »[...] ein schwarzer Sack, ein Sack, der spricht« – dahinter verberge sich »Eine Frau, ein Mann, mit oder ohne Sprengstoffgürtel?«[37] Oder es wird eine »Bevölkerungspolitik durch den Geburtskanal deutscher Frauen« gefordert.[38]

Und das sind nur zwei ekelhafte Beispiele von vielen dafür, wie gewaltvoll und diskriminierend die politische Auseinandersetzung sich in den letzten Jahren entwickelt hat.

Unterliegen Frauen einer Mehrfach-Marginalisierung, zum Beispiel aufgrund ihrer Herkunft, ihrer Sexualität oder ihrer sexuellen Orientierung, potenzieren sich auch die Anfeindungen aus dem rechten Lager im Bundestag. Ein Dauerfeuer, das täglich auf sie einprasselt – und nebenbei sollen sie noch richtig gute Politik machen und sich »jetzt erst recht« beweisen, weil alle genau hingucken, wenn Menschen, die wenige Privilegien mitbringen, in Spitzenpositionen »mithalten wollen«.

Der Kampf gegen Diskriminierungen muss täglich geführt werden, dabei sollen politische Inhalte durchgesetzt und die Vorbildfunktion erfüllt werden. Wackelt diese dreifache Performance, hagelt es noch mehr Kritik und Diffamierungen. Ein Teufelskreis, der mit dauerhafter Frustration, verdrängtem Ärger und sehr viel Anstrengung einhergeht. Ich habe in den letzten Jahren oft dagegengehalten – auch wenn es den anderen auf den Keks ging. So wies ich im Abgeordnetenhaus beispielsweise Ausschussvorsitzende darauf hin, dass ich nicht die Nächste auf der *Redner*liste sei, weil *Frau* Kapek nun einmal kein Redner, sondern eine Rednerin und deshalb *die* Nächste auf der *Rede*liste sei. Diese kleinen Scharmützel sorgen für Augenrollen und Zustimmung gleichermaßen – und sind von kleinen Erfolgen gekrönt. Aber die permanente Auseinandersetzung mit den nicht enden wollenden Beleidigungen erreicht irgendwann ein Maß, bei dem sich frau fragen muss: Ist es all die Energie überhaupt wert? Wann gibt es endlich ein kollektives Umdenken?

Tucholsky sagte einst, dass Sprache eine Waffe sei. Sie schafft Realitäten und ist ein wichtiges Machtinstrument. Deshalb ist es wichtig, sie zu hinterfragen und einen diskriminierungsfreien und inklusiven Sprachgebrauch zu etablieren.

Sprache bedeutet Macht über unser Weltbild.[39] Sprache gibt den Rahmen vor, wie wir über Gesellschaft, Politik, Wirtschaft, Menschen und uns selbst denken. Und Sprache sorgt dafür, dass wir uns und andere unbewusst auf- oder abwerten. Der Streit um den Sprachgebrauch ist also auch ein Machtkampf. Der Kampf um die Definition der Norm. Während die eine Seite eine inklusive, diskriminierungsfreie und respektvolle Sprache fordert, will die andere Seite an ihren erlernten Stereotypen festhalten. Dabei geht es aber mitnichten nur um die Frage, ob Menschen bereit sind, die erlernte Sprache weiterzuentwickeln, sondern auch um die Verteidigung der bestehenden Machtverhältnisse – basierend auf den bekannten Privilegien. Menschen, die diese nicht besitzen, werden auch weiterhin systematisch sprachlich ausgegrenzt, degradiert und diskriminiert. Unsere Sprache beinhaltet menschenverachtende Grundkonzepte, die wir so verinnerlicht haben, dass wir sie gar nicht mehr hinterfragen. So tobte beispielsweise in der Berliner SPD im Frühjahr 2023 eine heftige Diskussion um die Frage, ob sie in eine Koalition mit der CDU gehen sollten oder nicht. Die Gegner*innen dieser Idee befürchteten eine »Verzwergung der SPD«. Eine Metapher, die sofort deutlich macht, worum es geht: Man macht sich selbst kleiner, als man ist, und das ist nicht gut. Dass es sich hierbei aber um eine ableistische Diskriminierung handelt, fällt nur wenigen auf. Denn kleinwüchsige Menschen werden mit dieser Metapher herabgewürdigt. Das ist unfair, verletzend und demütigend.

Durch all diese Formulierungen und Begrifflichkeiten, die wir in unserem Sprachgebrauch unhinterfragt verwenden, formt sich Stück für Stück das Bild einer Gesellschaft, in der bestimmte Menschen mehr wert sind als andere.

Emanzipation –
Bitte mehr davon!

Immer wieder gibt es Menschen und Bewegungen, die die vorherrschende Verteilung von Macht infrage stellen und für mehr Gerechtigkeit kämpfen. Diese Gegenbewegung lässt sich unter dem lateinischen Begriff »Emanzipation« zusammenfassen, der so viel bedeutet wie »eigenständig werden«.[40]

Die wohl bekannteste emanzipatorische Bewegung ist die *Frauenbewegung*, die sich den Kampf für mehr Frauenrechte und Geschlechtergerechtigkeit zum Ziel gesetzt hat. Oft wird das Wort Emanzipation mit ihr gleichgesetzt. Doch eigentlich geht es um viel mehr: den Streit für eine diskriminierungsfreie Welt für *alle* Menschen, unabhängig von Religionszugehörigkeit, Geschlecht, Einkommen, Hautfarbe, Herkunft und körperlichen Voraussetzungen. Es ist also der politische Kampf für Gleichberechtigung, die *alle* gesellschaftlichen Gruppen einschließt.

In Deutschland ist die sogenannte 68er-Bewegung das wohl prominenteste Beispiel für Emanzipationsbewegungen der jüngeren Geschichte. Auch die Partei Bündnis 90/Die Grünen ist zu großen Teilen aus dieser Bewegung entstanden. Eine umfassende Emanzipation als Umsetzung einer diskriminierungsfreien und chancengerechten Welt ist bis heute eine zentrale

Säule der Grünen Politik und damit auch für mich ein hoher und wichtiger Anspruch.

Jüngste bekannte Beispiele für emanzipatorische Bewegungen in Deutschland sind neben Black Lives Matter auch die in den sozialen Medien gestarteten Protestkampagnen #MeToo und #aufschrei gegen sexuelle Belästigung und #vonhier gegen Alltagsrassismus. Sie kämpfen allesamt nicht nur für das Ende der Diskriminierungen, sondern für das Recht und auch die Möglichkeit, sich frei entfalten zu können.

Da die Frauenbewegung aber nicht nur die älteste und prominenteste emanzipatorische Bewegung ist, sondern auch die am besten durch Studien belegte, möchte ich sie im Folgenden exemplarisch herausgreifen, um an diesem Beispiel zu erklären, warum sich der Kampf um Gleichstellung oft so endlos anfühlt und wie er durch eine bis heute sehr ungleiche Lastenverteilung zwischen den Geschlechtern zur wachsenden Erschöpfung beiträgt.

Auch wenn Frauen etwas mehr als die Hälfte der Gesellschaft ausmachen, werden sie in vielen Bereichen unserer Gesellschaft nicht berücksichtigt. Im Gegenteil: Dass der Mann in allen Bereichen unseres Lebens als maßgebliche Norm gilt, hat Caroline Criado-Perez sehr anschaulich in ihrem Buch *Unsichtbare Frauen* beschrieben. Egal ob wir über »die Warteschlange vor der Toilette, die zu niedrige Durchschnittstemperatur im Büro oder die falsche Dosierung von Medikamenten«[41] sprechen – der Mann und seine Bedürfnisse sind der Prototyp, nach dem sich Gebäude, Technik und Medizin ausrichten. Wie weitreichend das ist, zeigt sich überall in unserem Alltag. In Filmen, Nachrichten, Büchern, ja, sogar in der Stadtplanung. Die männliche Norm sorgt dafür, dass Frauen nicht an obere Regalbret-

ter kommen, aber auch, dass Airbags oder andere Sicherheits-
vorkehrungen keine weiblichen Körperformen berücksichtigen.
Sogar medizinisch kann es gefährlich werden. Denn bei einer
Frau sehen beispielsweise die Symptome eines Herzinfarkts oft
ganz anders aus als bei einem Mann. Die weiblichen Symptome
gelten allerdings als »untypisch« und werden deshalb häufiger
falsch gedeutet. So wird die Standardisierung des Männlichen
für Frauen lebensgefährlich.[42]

Ist das nicht verrückt? Da ist die Frauenbewegung schon so
alt und nach jahrzehntelangem Kampf für mehr Gleichstellung
orientiert sich nahezu jeder Standard in unserem Alltag an der
Funktionsweise und den Maßen des männlichen Körpers.
Egal ob der Algorithmus im Internet, der Airbag oder die
Höhe des Küchenschranks – Frauen scheinen unsichtbar zu
sein.

Dabei hat die Frauenbewegung doch eigentlich schon viel
erreicht. Frauen dürfen formal alles, was Männer auch dürfen.
Doch leider ist die rechtliche Basis noch nicht in der Gesellschaft angekommen. Eine *tatsächliche* Gleichstellung ist noch
längst nicht erreicht.

Frauen dürfen wählen, studieren, arbeiten, Konten eröffnen
und so weiter – was natürlich erfreulich ist. Allerdings änderte
sich für Männer mit der gesetzlichen Verankerung der Gleichberechtigung nichts. Und so blieb auch nach der rechtlichen
Anpassung die Erwartungshaltung bestehen, dass Frauen zwar
mehr dürfen, aber gemäß des traditionellen Rollenverständnis-
ses ihre vermeintlichen »Pflichten« im Haushalt, in der Kinder-
erziehung und in der Familienorganisation weiterhin erledigen.

Jetzt werden vielleicht manche Menschen protestieren und darauf verweisen, dass der moderne Mann doch sehr wohl die Kinder zur Kita bringt, kocht und einkaufen geht. Empirische Stu-

dien belegen aber trotz der empfundenen Zunahme an aktiven Vätern: Die Lastenverteilung im häuslichen Rahmen entspricht selbst bei Paaren, die sich als gleichberechtigt empfinden, sehr oft den alten Rollenbildern. Und wie wohl in den allermeisten Bekanntenkreisen sind es auch in meinem Umfeld erstaunlich viele Frauen, die sich überwiegend um Kinder und Haushalt kümmern, während die Väter beruflich Karriere machen. Oft ist das mit einem schlechten Gewissen verbunden. Man wüsste ja, dass das total unfair sei. Aber für das wichtige Arbeitsprojekt muss der Mann nun einmal mehrere Wochen ins Ausland und kann sich deshalb leider schon wieder nicht um die Kinder kümmern. Dass die Mutter vielleicht selbst arbeitet und trotzdem alles hinkriegen muss, bleibt häufig unerwähnt.

Woran liegt das?

Im Zuge der Gleichberechtigung haben wir verpasst, uns das Gesamtpaket anzuschauen: Welche Lasten erfordert ein Leben? Welche To-dos stehen in Familien oder Partnerschaften an? Wie kriegen wir es hin, *alles für alle* fair aufzuteilen, anstatt den Frauen zusätzlich etwas aufzuladen? Dass eine faire Lastenverteilung notwendig ist, zeigt sich im Status Quo, denn die Mehrfachbelastungen und die diskriminierenden Strukturen der patriarchalen Vorherrschaft sorgen für eine körperliche wie psychische Ermüdung. Langfristig kann diese sogar in Entfremdung münden – und damit in einer Art Resignation und Abkehr von sich selbst und der Welt, beschreibt Franziska Schutzbach in ihrem Buch *Die Erschöpfung der Frauen*: »Erschöpft zu sein heißt, sich selbst fern zu sein, keinen Bezug mehr zu haben zu Dingen, zu Menschen, zur Welt und zu sich selbst.«[43]

Sie betont aber auch, dass ein riesiges Potenzial in dem Aufbruch liegt, dass dieser eine unvorstellbare Sprengkraft habe, wenn die männlichen Maßstäbe durchbrochen und Frauen den vorherrschenden Strukturen die Autorität entziehen würden.[44]

Wie das aussehen kann, zeigt das Beispiel der geschlechtergerechten Sprache. Jahrzehntelang prägte das generische Maskulinum unseren Sprachgebrauch, der Frauen schlichtweg verschwinden ließ:»99 Sängerinnen und ein Sänger sind zusammen 100 Sänger«, erklärt die Linguistin Luise Pusch und verdeutlicht, wie das generische Maskulinum Frauen unsichtbar macht.[45] Allein durch die Anwesenheit eines Mannes verschwinden 99 Frauen. So heißt es:»Das Maskulinum erlaubt einen ›generischen, geschlechtsübergreifenden‹ Gebrauch, das Femininum nicht.«[46] Folglich werde der Mann als Standardversion des Menschen wahrgenommen und die Frau als Abweichung von dieser Norm.

Doch wie wichtig die Weiterentwicklung der Sprache ist, bestätigt auch die Wissenschaft. In einer Umfrage wurden Teilnehmende aufgefordert, drei Politiker*innen zu nennen.[47] Dabei wurde die Aufgabe mal mit dem generischen Maskulinum gestellt (»Nennen Sie drei Politiker«), mal mit geschlechterinklusiven Alternativen (»Nennen Sie drei Politikerinnen oder Politiker« beziehungsweise»PolitikerInnen«oder»Politiker*innen«). Ausgewertet wurde der Anteil der genannten Frauen. Das Ergebnis:»Die Analyse zeigte, dass das generische Maskulinum einen klaren male bias erzeugt hat.« Also einen Verzerrungseffekt in der Wahrnehmung zugunsten einer männlichen Perspektive. Wenn man»Politiker«sagt, entstehen im Kopf sofort Bilder von männlichen Politikern – auch wenn Politikerinnen»mitgemeint« sind. Durchschnittlich wurden bei der Formulierung im generischen Maskulinum etwa 23 Prozent weniger Frauen genannt.»Bei den geschlechterinklusiven Alternativen stieg der Frauenanteil auf Werte zwischen 32,5 und 40,6 Prozent.«[48]

Nicht nur die Frage nach dem Gendern hat einen Einfluss auf die Geschlechterverhältnisse, sondern auch die Art und Weise, *wie* wir miteinander sprechen und wie Sprache als Machtinstrument in Bezug auf Geschlechtsunterschiede genutzt wird. Höhnische Bemerkungen, Abwertungen, herablassende Witze – der gezielte Einsatz von Sprache kann zutiefst verletzend und einschüchternd wirken. Diese Wirkung zementiert hierarchische Ordnungen. In der Politik, in der bekanntlich ein rauer Ton herrscht, wird dies immer wieder deutlich.

So stand ich vor ein paar Jahren mit einer Gruppe Jugendlicher anlässlich des Girls' Days auf der Besuchertribüne des Plenarsaals im Berliner Abgeordnetenhaus. Die »Girls« waren gespannt darauf, einmal live zu erleben, wie Politik im echten Leben aussieht. Sie alle konnten sich vorstellen, später selbst in die Politik zu gehen. »Ich finde es toll, dass man hier so richtig etwas verändern kann«, sagte eines der Mädchen zu mir.

Die Sitzung begann mit der sogenannten »Aktuellen Stunde« zu einem besonders prominenten Thema. Am Ende der Debatte trat die Senatorin ans Redepult (und nicht ans Rednerpult – sie ist ja schließlich eine Rednerin). Kaum hatte sie begonnen, brach ein wahrer Sturm an zum Teil unflätigen Zwischenrufen aus der Opposition los: Gelächter, Hohn, Beleidigungen. Allesamt von Männern, die versuchten, durch ihr Dominanzverhalten die Senatorin anzugreifen. Die jungen Mädchen wurden immer stiller. Die Senatorin ließ sich nicht entmutigen, sprach weiter, hielt dagegen. Es war das übliche »Gefecht«, das ich aus intensiven Diskussionen im Plenum gut kannte. Für uns Politiker*innen ist das Alltag. Die Mädchen hingegen wirkten tief geschockt von diesem rüden Umgangston und Gehabe. Ich hörte, wie ein Mädchen ihrer Freundin zuraunte: »Wieso tut man sich das an? Sich da hinstellen, wenn man einfach niedergebrüllt wird?« Es schien, als sei ihr Wunsch, Politikerin zu werden, in diesem Moment stark ins Wanken geraten.

Ich glaube, dass in der Politik auf extreme Weise sichtbar wird, was in der gesamten Gesellschaft stattfindet: Männer bestimmen die Regeln sowie die Verteilung von Machtpositionen und Frauen müssen sich danach richten. Selbst wenn die Senatorin die Regierungschefin ist und die grölenden Männer in der dritten Reihe in der Opposition sitzen, ist es ihnen möglich, durch verbale Gewalt Einfluss auf das Verhalten dieser Spitzenpolitikerin zu nehmen, wie das Beispiel vom Girls' Day eindrücklich aufzeigt.

Wenn eine Frau in eine Spitzenposition will, muss sie sich den männlichen Gepflogenheiten unterordnen, diese ertragen, kopieren oder zunutze machen, um überhaupt für eine Karriere infrage zu kommen. Frauen eignen sich deshalb häufig männliche Verhaltensweisen an, um »mitspielen« zu können. Anders gehe es eben nicht, denken viele.[49]

Aber nicht jede Verhaltensweise ist überhaupt zugänglich für Frauen.

Das Problem mit dem Gender-Gap

Manchmal funktioniert die Adaption männlicher Verhaltensweisen gar nicht. Denken wir an diesen einen Mann, den es in jedem Unternehmen gibt: Er ist lustig, hat immer einen lockeren Spruch auf den Lippen, lacht laut und in jedem Kontext und sorgt für gute Stimmung. Er ist beliebt und gern gesehen, oft hat er sogar eine Leitungsfunktion und gilt als entspannter (Team-)Chef. Ich musste wirklich lange darüber nachdenken, bis mir zumindest eine Frau im beruflichen Kontext einfiel, die in einer Führungsposition ist und diese Rolle der witzigen, lockeren Unterhalterin einnimmt. Und das liegt nicht daran, dass Frauen nicht witzig sind – sondern dass von ihnen etwas anderes erwartet wird, wenn sie in einer leitenden Position sind. Sie gelten als »vielversprechende Leistungsträgerinnen« oder »Karrierefrauen«, und bei diesem Framing haben kumpelhafte Witzeleien keinen Platz. Diese Eigenschaften würden sofort als fehlende Kompetenz oder mangelndes Verantwortungsbewusstsein interpretiert werden.

Ich bin oft genervt davon, dass ständig mit zweierlei Maß gemessen wird. Und vermutlich ärgert es nicht nur mich, dass sich Männer mehr rausnehmen können und dass ihr Verhalten so anders wahrgenommen wird. Da gibt es völlig deplatzierte Witze in Versammlungen, schlecht formulierte Redebeiträge, Alkoholexzesse auf der Weihnachtsfeier – Frauen würden solche Verhaltensweisen auch und gerade in der Politik schwer angelastet werden. Bei Männern gilt es als witzig oder gar charmant.

Diese Doppelmoral ist Alltag. Frauen müssen immer die Extrameile gehen, um die gleiche Anerkennung zu bekommen.

Inzwischen gibt es zumindest Lichtblicke. Laut Statistischem Bundesamt war 2021 knapp jede dritte Führungskraft (29,2 Prozent) weiblich[50] und in den Vorständen der DAX-Unternehmen betrug der Anteil 2022 21,8 Prozent[51]. Aber das ist immer noch deutlich zu wenig.

Hinzu kommt, dass Frauen, selbst wenn ihnen der Aufstieg endlich gelingt, häufig schlechter bezahlt werden – Stichwort: Gender Pay Gap. Frauen verdienten im Jahr 2022 durchschnittlich 18 Prozent weniger je Stunde als Männer.[52] Immer wieder wird die Kritik geäußert, dass diese Lohnlücke kein valider Wert sei, weil unterschiedliche Branchen (beispielsweise Pflegekräfte und Ingenieure) und verschiedene Arbeitszeiten (Voll- und Teilzeit) miteinander verglichen würden. Doch diese geschlechts-spezifischen Branchen und Arbeitszeiten existieren ja nur, *weil* Frauen mehr Care-Arbeit leisten und von Geschlechter-Ungerechtigkeiten geprägt sind. So belegen Zahlen, dass im Jahr 2020 rund zwei Drittel (65,5 Prozent) der erwerbstätigen Mütter in Teilzeit arbeiteten, während es bei den erwerbstätigen Vätern nur 7,1 Prozent waren.[53]

Mama ist zu Hause, Papa geht arbeiten – leider scheint diese heteronormative, stereotype Verteilung immer noch in einem Großteil deutscher Familienhaushalte Realität zu sein.

Die Reduktion der Arbeitszeit und die lange Unterbrechung der Erwerbstätigkeit der Mütter führen dazu, dass sie immense Einkommenseinbußen hinnehmen müssen. Im Schnitt verdienen sie noch zehn Jahre (!) nach der Geburt des ersten Kindes 61 Prozent weniger als im Jahr vor der Geburt. Im Vergleich dazu haben Väter nahezu keine Nachteile.[54]

Blicken wir mit diesem Wissen nun auf den Gender Pay Gap: Ein »Rausrechnen« der unterschiedlichen Arbeitszeiten und Berufsgruppen beinhaltet eine Ignoranz gegenüber der weiblichen Lebensrealitäten und strukturellen Gegebenheiten. Wenn wir »rausrechnen«, dass Frauen häufiger in Teilzeit arbeiten und mehr Care-Arbeit schultern, akzeptieren wir diese Ungerechtigkeiten und nehmen sie als »gegeben« oder »normal« hin, statt sie als Problem zu bewerten.

Und das Schlimmste daran: Sogar die bereinigte Version des Gender Pay Gaps ist alles andere als vorzeigbar. Eine Frau, die genau den gleichen Job hat wie ein Mann, eine ähnliche Erwerbsbiografie vorweist, bekommt im Durchschnitt sieben Prozent weniger Gehalt. Und dieser Wert ist übrigens um einen Prozentpunkt höher als im Vorjahr. Das muss man sich auf der Zunge zergehen lassen. Eine Ärztin bekommt im Jahr 2022 weniger Geld als ein Arzt.[55] Eine Architektin weniger als ein Architekt.[56]

Das immer wieder vorgebrachte Argument »Frauen müssen eben besser verhandeln« ist dabei deutlich zu kurz gegriffen. Dass diese Aussage nicht stimmt, wurde nun sogar vonseiten der Rechtsprechung widerlegt. In einem bahnbrechenden Grundsatzurteil des Bundesarbeitsgerichts zur Lohngleichheit wurde der Anspruch von Frauen auf gleiche Bezahlung gestärkt. Die Klägerin ging vor Gericht, weil sie erheblich weniger verdiente als ihr Kollege, der den gleichen Job hatte. »Schlecht verhandelt«, sagte das Unternehmen – das Gericht hingegen sah eine Benachteiligung aufgrund des Geschlechts und sprach der Dresdnerin eine Gehaltsnachzahlung sowie eine Entschädigung zu.[57]

Tatsächlich zeigt auch die Forschung, dass die Verhandlung nicht reicht. Hier spielen viel mehr Faktoren eine Rolle und es wird einmal mehr deutlich, dass die Aneignung männlicher Verhaltensweisen keine nachhaltige Lösung darstellt, da sie strukturelle Rahmenbedingungen und Vorurteile ausblendet.

In ihrem Buch *Wir sind doch alle längst gleichberechtigt* führt die Autorin Alexandra Zykunov verschiedene Studienergebnisse an, die zeigen, dass Frauen mit »frechem« oder »aggressivem« Verhalten, wie es bei »besserem Verhandeln« gefordert wird, sogar negativer eingestuft werden als Männer. Schuld daran ist unter anderem die *Role Congruity Theory*. »Die Theorie zeigt auf, dass Menschen abgestraft werden, wenn sie sich nicht ›geschlechtertypisch‹ verhalten.«[58] Für Gehaltsverhandlungen bedeutet das: Wenn Frauen eher aggressiv, fordernd oder durchsetzungsstark auftreten, haben sie damit keineswegs mehr Chancen, sondern werden schief beäugt, weil sie sich eben nicht »wie eine Frau« verhalten.

Fakt ist, dass Frauen genauso häufig verhandeln wie Männer – sie haben nur seltener Erfolg damit. Männer hingegen müssen weniger tun. Sie werden sogar passiv häufiger darauf angesprochen, die nächste Karriere- und Gehaltsstufe zu erklimmen.[59] Stereotype sorgen nicht nur dafür, dass die Beurteilung der Geschlechter unterschiedlich ausfällt, sondern bestimmen auch, wie Männer und Frauen sich selbst beurteilen.

Es gibt eine Studie, in der die Teilnehmenden einen Mathetest lösen sollten.[60] Der einen Hälfte wurde vorab gesagt, dass es signifikante Geschlechtsunterschiede bei mathematischen Fähigkeiten gebe und Frauen im Schnitt deutlich schlechter abschneiden würden. Den anderen Teilnehmenden wurde diese Information nicht mitgeteilt. Siehe da: In der Gruppe, die vorab nicht mit diesem Stereotyp konfrontiert wurde, zeigten sich keine signifikanten Unterschiede, in der anderen Gruppe schnitten Frauen erheblich schlechter ab. Allein durch Gender-Stereotype, an denen in unserem Alltag niemand vorbeikommt, werten sich Frauen unbewusst selbst ab.

Im Rahmen eines Bewerbungsverfahrens führte ich ein Gespräch mit einer jungen Studentin, die mir erklärte, dass sie unbedingt noch den nächsthöheren Abschluss machen wolle, weil sie mit diesem später einmal mehr Geld verdienen könne. So habe sie bessere Chancen auf ein etwas höheres Gehalt in ihrer ohnehin schlecht bezahlten Branche, der Care-Arbeit – »auch wenn meine männlichen Kollegen immer mehr Geld verdienen werden als ich«, fügte sie hinzu. Daraufhin versuchte ich, mit ihr über den Gender Pay Gap und mögliche Lösungsansätze (wie eine gleiche Bezahlung für gleiche Arbeit) zu sprechen, doch die Studentin ging nicht darauf ein. Die Lohnungleichheit war für sie ein unveränderlicher Fakt. Sie war der festen Überzeugung, dass ein

Job in der Care-Branche nun einmal schlecht und ungerecht bezahlt werden würde. Man würde diesen Beruf ja nicht wegen des Geldes, sondern aus Überzeugung auswählen. Mit dieser Realität habe sie sich abgefunden. Ich war nach dem Gespräch schockiert, dass selbst junge Frauen die Ungerechtigkeiten so verinnerlicht haben, dass sie sie als gegeben und »normal« hinnehmen.

Genauso internalisiert wie die Lohnungerechtigkeit oder die gläserne Decke in Richtung Spitzenpositionen ist bei vielen Menschen die Erwartungshaltung, dass Frauen für unbezahlte Care-Tätigkeiten verantwortlich sind, wie die Kinderbetreuung und -erziehung, Haushaltstätigkeiten, Hilfe unter Freund*innen oder die Pflege von Angehörigen. Neben dem Gender Pay Gap ist deshalb der Gender Care Gap ein Gradmesser für die Gleichberechtigung in Deutschland.

»Frauen wenden pro Tag im Durchschnitt 52,4 Prozent mehr Zeit für unbezahlte Sorgearbeit auf als Männer«[61], so das Bundesministerium für Familie, Senioren, Frauen und Jugend.

Doch nicht nur im Privatleben gibt es diese Rollenverteilung, auch im beruflichen Kontext. Trotz besserer Schulnoten entscheiden sich viele Frauen oft für weiblich konnotierte Berufe, die dann automatisch schlechter bezahlt sind. Über 80 Prozent der Beschäftigten in der Alten- und Krankenpflege sind beispielsweise weiblich.[62]

Frauen kümmern sich also a) im Privaten mehr um andere und können deshalb nicht so viel Zeit für die Erwerbsarbeit aufbringen und verdienen b) im beruflichen Umfeld weniger Geld, weil sie eher »Frauenberufe« wählen (oftmals ebenfalls Care-Tätigkeiten), unter anderem bedingt durch stereotypisierte Berufszuschreibungen, die ihnen von klein auf vermittelt und vorgelebt werden. Wir müssen uns bewusst machen, dass all die unbezahlte Care-Arbeit, die zu großen Teilen Frauen erledigen, die

Gesellschaft am Laufen hält. Würden alle Menschen jegliche unbezahlte oder schlecht entlohnte Care-Arbeit niederlegen, würde unser System sofort zusammenbrechen.

Aus diesen Beobachtungen lässt sich schließen, dass trotz einer formalen Gleichberechtigung keinesfalls von einer Gleichstellung gesprochen werden kann. Die Lasten des Lebens sind zu Ungunsten der Frauen verteilt – sie arbeiten mehr, da sie einen Großteil der unbezahlten Arbeit übernehmen und zusätzlich erwerbstätig sind, verdienen aber dabei weniger und werden zusätzlich mit sexistischen Diskriminierungen und Vorurteilen konfrontiert. Im Zusammenspiel führen diese Faktoren zu einer deutlich höheren Belastung, wodurch Frauen an ihre Grenzen getrieben werden, in hohem Maße erschöpft sind und sich selbst ausbeuten müssen, wenn sie trotzdem gesellschaftlich »mitspielen« wollen.

Endet die Emanzipation mit der Elternschaft?

Noch drastischer wird es, wenn Kinder dazukommen. Mütter haben allen Grund, sich zu beschweren: die Gender Gaps, Rückschläge in der Karriere, unfaire Bezahlung und die Gefahr von Altersarmut. Es zehren zusätzlich – auch bei Vätern – Schlafmangel und Verantwortungsübernahme. Die Ermüdung im Alltag ist deutlich höher als bei kinderlosen Menschen. Sehen wir uns all diese körperlichen und emotionalen Komponenten an, haben wir eine sehr ungleiche Belastung, wenn wir die Situationen von Menschen mit und ohne Kinder vergleichen.

Kinder verlangen ihren Eltern durch ihre Hilflosigkeit und Bedürfnisse mehr ab, als sie ohne Kinder leisten müssten.

Insbesondere die Mütter sind gefordert. Sie sprechen allerdings sehr viel seltener über ihre Mehrfachbelastungen im beruflichen Kontext als ihre männlichen Kollegen. So schleppen beispielsweise in den meisten Fällen die Frauen den »Mental Load« mit sich herum, diese nie enden wollende familiäre To-do-Liste im Kopf: Kindergeburtstage organisieren, Hausaufgaben kontrollieren, neue Gummistiefel besorgen, Impftermine vereinbaren, genug Husten- und Fiebersaft im Haus haben. Die Genderforscherin Stevie Schmiedel bestätigt in einem NDR-Beitrag: »Wir haben auf jeden Fall durch Studien belegt, dass Frauen in Ostdeutschland 40 Prozent mehr Mental Load und Care-Arbeit einbringen in den Haushalt und Frauen in Westdeutschland 50 Prozent mehr als Männer.«[63]

Dieser Mental Load ist in den meisten Fällen unsichtbar, wird nebenbei und ganz selbstverständlich erledigt. Im Gegensatz dazu gehen junge Väter gern sehr offen damit um, wenn auch sie Teile der Care-Arbeit übernehmen. Das führt in der Praxis regelmäßig zu interessanten Effekten: So können wir immer wieder feststellen, dass Männer einfach später zur Arbeit kommen, früher gehen oder häufiger Homeoffice machen, mit der Begründung, sich um ihre Kita-Kinder kümmern zu müssen. Sie sehen dies als Selbstverständlichkeit, weil wir ja schließlich alle wollen, dass sich Väter stärker einbringen. Wenn aber ihre weiblichen Kolleginnen beruflich genau die gleichen Aufgaben erledigen und sich zusätzlich um die Kinder kümmern, passiert dies ohne Sonderbehandlungen – und ohne darüber zu sprechen. Und das soll nicht heißen, dass das den Vätern nicht gestattet sein sollte. Im Gegenteil – nur sollte es bei den Müttern ebenso selbstverständlich akzeptiert werden.

Mütter, die im beruflichen Kontext bewusst über ihre Mehrfachbelastung schweigen, sind trotzdem nicht vor Diskriminierungen geschützt. So zeigt Jutta Allmendinger auf, wie Mütter gegenüber Vätern benachteiligt werden: »Sie werden seltener zu Vorstellungsgesprächen eingeladen als Frauen ohne Kinder und Männer mit und ohne Kinder.«[64] Tatsächlich wird es ihnen sogar negativ ausgelegt, wenn sie sich kurz nach der Geburt schnell wieder in die Arbeit stürzen. »Daten belegen, dass Mütter, die zwei Monate Elternzeit nehmen, seltener zu einem Vorstellungsgespräch eingeladen werden als Mütter mit zehn Monaten Elternzeit.«[65] Es wird nicht die hohe Motivation gelobt, ihr Arbeitseinsatz wird nicht wertgeschätzt; stattdessen wird ihnen unterstellt, skrupellos, kaltherzig und übertrieben ehrgeizig zu sein. Allmendinger resümiert zu Recht: »*Geht's noch?*«[66]

Kurz: Egal, für wie viel (oder wenig) Elternzeit sich eine Mutter entscheidet, sie läuft Gefahr, für diese Entscheidung verurteilt zu werden. Wie frau's macht, macht frau's verkehrt.

Dabei ist die Elternzeit gerade eine der sozialen Errungenschaften unserer Zeit, für die uns andere europäische Länder beneiden.

Für Parlamentarier*innen gibt es in Deutschland allerdings keine Elternzeitregelung. Spätestens nach dem gesetzlichen Mutterschutz müssen sie wieder präsent sein, wobei die meisten de facto auch im Mutterschutz die ganze Zeit arbeiten. Da ist es kaum verwunderlich, dass auch an mir Schwangerschaft, Geburt, Schlafmangel und Folgen des Stillens nicht spurlos vorbeigingen.

Fünf Wochen nach der Geburt meines zweiten Kindes war ich beispielsweise an der Reihe, die Moderation unserer Fraktionssitzung zu übernehmen. Mein Säugling war winzig und bekam kaum die Augen auf. Die Babysitterin, die über eine Zeitarbeitsfirma für das Parlament eingestellt wurde, hatte ich nie zuvor gesehen. »Es bricht mir das Herz, sie hier bei einer Unbekannten abzugeben«, sagte ich zu einer Abgeordneten einer anderen Partei. Sie war selbst Mutter und schaute mich dennoch nur abschätzig von der Seite an, zuckte mit den Schultern und sagte: »Wissen Sie was? Ich finde, Ihre Beschwerden sind übertrieben.«

Puh! Irgendwo auf den langen Fluren des Parlaments war offenbar die Menschlichkeit verloren gegangen.

Viele Mütter – gerade auch außerhalb der Politik – berichten von solchen Erlebnissen. Doch der Ärger wird immer wieder runtergeschluckt, um sich nicht angreifbar zu machen. Es ist ein gesellschaftliches Problem, dass die Mehrfachbelastung von Job und Familie und die damit einhergehende Erschöpfung weder sichtbar ist noch anerkannt wird.

Auch ich musste mir immer wieder anhören, ich müsse diesen oder jenen Termin nun wirklich möglich machen. Ich würde doch genug Geld verdienen, um mir eine*n Babysitter*in leisten zu können. Oder eine Nanny. Aber ich habe keine Kinder bekommen, um sie dann nur weg zu organisieren. Wenn die Kinder beim Verlassen der Wohnung bitterlich weinen, weil es der siebte Abend in Folge ist, an dem Sitzungen wichtiger sind als das Ins-Bett-Bringen, dann hilft kein Geld und keine Nanny, sondern schlicht und ergreifend: Zeit. In diesem Fall ist das Problem nicht, dass ich keine Betreuung finde, sondern dass Familie und Politik grundsätzlich nicht zusammenpassen. Dass ich nicht erfolgreich Politik machen *und* Zeit für meine Kinder haben kann. Familiäre Bedürfnisse nehmen Zeit in Anspruch, Zeit, die in der Politik nicht vorgesehen ist. Wer eine Machtposition innehat, *muss* sich um die Netzwerke kümmern. Ist dies aufgrund von Kinder- und Familienzeit nicht möglich, wird dies als Fail im Job verbucht. Kein Wunder, dass so viele Spitzenpolitikerinnen kinderlos bleiben.

Aber was ist mit den Männern? Sie fühlen sich offenbar immer noch viel zu selten dafür verantwortlich, die Care-Arbeit zu gleichen Teilen mitzutragen. Zu diesem Ergebnis kommt zumindest das Bundesministerium für Familie, Senioren, Frauen und Jugend. Ihm zufolge sind Mütter in heterosexuellen Beziehungen für 83,3 Prozent der Care-Arbeit verantwortlich.[67]

Finden sich dann doch Männer, die sich einbringen, dann werden sie gleich als »Spitzenväter« medial gefeiert und bekommen sogar Auszeichnungen. Ich finde es richtig, familiäres Engagement zu bejubeln und zu feiern, weil alle Eltern wissen, wie anstrengend es sein kann, den Alltag zu wuppen. Doch ich halte es für problematisch, dass Männer diese Anerkennung bekommen und die gleiche Leistung bei Frauen als »normal« oder für selbstverständlich befunden wird. Besonders krass fand ich das Beispiel von Sigmar Gabriel, der dafür gefeiert wurde, als er 2012 als Parteivorsitzender der SPD erklärte, er würde drei Monate in Elternzeit gehen, und zwei Jahre später verkündete, er würde trotz seines Jobs als Wirtschaftsminister und Vizekanzler jeden Mittwoch sein Kind in die Kita bringen. Nur kurz davor hatte die damalige SPD-Generalsekretärin Andrea Nahles erklärt, sie würde zur Geburt ihres Kindes eine zweimonatige Auszeit nehmen. Als sie bereits 13 Wochen nach der Geburt zurück in die Politik kehrte, musste sie sich immer und immer wieder den Vorwurf der »Rabenmutter« anhören.[68]

Zwei führende SPD-Spitzenpolitiker*innen – zwei unterschiedliche Standards.

Das liegt daran, dass es einfach nicht die Regel ist, dass Männer gleichberechtigt die Verantwortung tragen und davon ausgehen, dass die Entscheidung für Kinder beinhaltet, dass beide Elternteile die neuen Aufgaben untereinander aufteilen.

Das zeigt sich auch in den Statistiken zur Elternzeit. Nur etwa 25 Prozent der Väter bezogen 2020 Elterngeld. Die Länge der Elternzeit betrug im selben Jahr im Schnitt bei den Müttern 14,5 Monate, bei den Vätern 3,5 Monate.[69] Um es lebensnaher auszudrücken: In vielen Familien gilt es schon als Beitrag zur Gleichberechtigung, wenn der Papa es vor der Arbeit schafft, die Kinder in die Kita zu bringen.

Als ich 2012 meine Kandidatur als Fraktionsvorsitzende bekannt gab, fragte mich ein altgedienter Journalist sehr vorwurfsvoll, wie ich denn bitte schön kandidieren könne; ich sei doch Mutter. Der Hinweis darauf, dass fast alle zum damaligen Zeitpunkt bereits gewählten männlichen Fraktionsvorsitzenden der anderen Parteien ebenfalls Kinder im gleichen Alter wie ich hatten, ließ ihn unbeeindruckt.

Höchste Zeit also für ein gesamtgesellschaftliches Umdenken. Dazu reicht es nicht, an ein oder zwei Stellschrauben zu drehen, sondern es braucht eine Veränderung, die der permanenten Überlastung von Müttern und der daraus resultierenden Erschöpfung aller entgegenwirkt. Nur mit einer gerechten Lastenverteilung, jenseits tradierter Rollenzuschreibungen, können wir eine Welt mit mehr Chancengerechtigkeit zwischen Müttern und Vätern erreichen.

Diese Chancengerechtigkeit sollte sich nicht nur auf Geschlechter und Familien beschränken, sondern für alle Menschen gelten. Es geht nicht nur um die Gleichstellung der Geschlechter, sondern aller Menschen. Klassismus, Rassismus, Ableismus, Sexismus, Altersdiskriminierung, Islamfeindlichkeit – wir müssen diese und alle anderen Diskriminierungsformen aufbrechen und wieder mehr Menschlichkeit leben. Denn sonst können wir kaum verhindern, dass sich Machtstrukturen und Diskriminierungen immer weiter fortsetzen und das System durch die daraus resultierende Erschöpfung ins Wanken gerät. Die Emanzipation als intersektionaler Ansatz muss vollendet werden, um eine offene, freie und chancen- und lastengerechte Gesellschaft für alle zu gewährleisten – und der kollektiven Müdigkeit den Kampf anzusagen.

Das kapitalistische Denken

Höher, schneller, weiter – wir alle haben diese Ideale im Kopf. Und selbst wenn wir versuchen, es anders zu handhaben, ist es nicht einfach, sich von diesen Denkmustern zu befreien. Denn unser Leben ist überall von kapitalistischen Prinzipien durchzogen, denen wir als Individuen kaum entkommen können, wenn wir Teil dieser Gesellschaft sein möchten. Betrachten wir also das System der Leistungsgesellschaft einmal genauer, das uns vermitteln will, dass wir alle die Chance auf Erfolg haben, wenn wir nur fleißig genug sind.

Vielleicht liegt es an diesem System, dass so viele Menschen das Gefühl haben, nie genug zu leisten. Dass sogar unser Privatleben so häufig von dem Gefühl geprägt ist, überall erfolgreich sein zu müssen.

Kommen wir noch einmal auf das Bild des Wettrennens zurück, um zu verdeutlichen, wie sich Chancen(un)gerechtigkeit in unserer Gesellschaft äußert. Eigentlich ist es völlig absurd, dass wir uns trotz unserer Strukturen und den unfairen Ausgangsbedingungen immer noch dem Wettbewerb stellen. Doch das Streben nach Erfolg ist in uns verwurzelt. Die Leistungsgesellschaft hat uns fest im Griff. Wir alle versuchen, Ziele zu erreichen und jene Erwartungen zu erfüllen, die wir uns selbst setzen und die von außen an uns herangetragen werden. Wir rennen weiter, bis wir irgendwann so erschöpft sind, dass wir keinen Schritt mehr vor den anderen setzen können. Ich kenne das von mir selbst. Doch wieso eigentlich? Wenn wir doch sehen und verstanden haben, dass unser Handeln die Burn-out- und Depressionsraten nach oben treibt, wieso machen wir trotzdem immer weiter?

Dahinter stecken die tief verinnerlichten Ideale, die uns von Anfang an vermitteln, dass Erfolg, Glück und Karriere einzig und allein eine Frage von Fleiß, Motivation und Leistung seien. Bereits als Kind wird uns eingebläut: *Mach etwas aus deinem Leben!*

Was genau dieses »etwas« ist, bleibt erst mal offen, doch schnell wird klar: Es geht darum, möglichst viel, hart und fehlerfrei zu arbeiten sowie Bestleistungen abzuliefern.

Der Leistungsgedanke beruht auf dem Streben nach ständigem Wachstum. Doch so wie die meisten Ressourcen in der Natur endlich sind, sind auch unsere persönlichen Wachstumspotenziale nicht unerschöpflich. Erzwungenes Wachstum bringt uns also nicht nur an unsere Grenzen, sondern verleitet uns auch regelmäßig dazu, diese zu überschreiten. Das ist nichts anderes als (Selbst-)Ausbeutung.

Weil wir gelernt haben, dass es immer nur in eine Richtung gehen kann, nämlich nach oben. Nach oben gehen aufgrund dieser Glaubenssätze neben den Gewinnen aber auch die Naturkatastrophen, der CO_2-Ausstoß, die Schere zwischen Arm und Reich, psychische Erkrankungen, Burn-out-Fälle oder der Bedarf an Therapieplätzen. Das ist ein zu hoher Preis.

Ich möchte nicht missverstanden werden: Ja, Menschen können, sollen und wollen sich anstrengen. Ohne Herausforderungen wachsen wir nicht. Auch ich selbst suche ständig nach neuen Herausforderungen. Problematisch ist aber, dass einige

Menschen kein Ziel mehr vor Augen haben. Sie haben nicht das Gefühl, wirklich mehr zu erreichen, wenn sie sich anstrengen. Dies bestätigt auch der Soziologe Hartmut Rosa: »In den heutigen Industriegesellschaften sagt die Mehrzahl der Eltern nicht, wir müssen hart arbeiten, damit es den Kindern besser geht. [...] Sie sagen: Wir müssen hart arbeiten, damit es ihnen nicht schlechter geht.«[70]

Und obwohl die Arbeitszeiten sich verringert haben, die medizinische Versorgung immer besser wird, wir keinen Krieg im eigenen Land haben und immer weniger Gewalt erleben, sind wir gestresster als früher und haben ständig das Gefühl, zu wenig Zeit zu haben.

Rosa erklärt, dass das Gefühl, zu wenig Zeit zu haben, aber nicht mit der Geschwindigkeit der Arbeit zusammenhinge, sondern mit der Länge der To-do-Liste im Verhältnis zur verfügbaren Zeit. Er beschreibt, wie alle Einträge auf der To-do-Liste als gleichermaßen wichtig erscheinen – egal, ob es eine berufliche Aufgabe ist, das Geschenk für die Oma, der Pilates-Kurs oder die Schulabschlussfeier der Tochter. So sorgt die Gesellschaft also für einen entfesselten Wettbewerb in jeder Hinsicht. Menschen versuchen, ihr gesamtes Leben zu optimieren. Das Sozialleben, die kulturelle Bildung, den eigenen Körper, das ökonomische Kapital – in allen Bereichen wird es als notwendig wahrgenommen, Perfektion anzustreben. Der Wettbewerb wird allgegenwärtig. So werden sogar Dinge, die wir normalerweise genießen würden, zur Belastung.[71]

Der immerwährende Wettbewerb ist der entscheidende Bestandteil des Leistungsgedankens. Und er legt auch die Grundlage zur nicht enden wollenden (Selbst- und Fremd-)Ausbeutung. Unsere Konsumgesellschaft erfindet immer neue Ziele und Ideale, die es zu erreichen gilt.

Dies wird beispielsweise anhand der Modeindustrie nur allzu deutlich: Ständig neue Kollektionen, neue Farben der Saison, neue Schnitte – neue Möglichkeiten für die Industrie, Geld zu verdienen. Bestenfalls *mehr* als in der vorangegangenen Saison. Doch um diesen stetigen Strom an neuen Trends aufrechtzuerhalten und das Wachstum voranzutreiben, werden Umweltschäden sowie die extreme Ausbeutung von Menschen hingenommen. Die *Süddeutsche Zeitung* schrieb 2021 dazu:

1,2 Milliarden Tonnen CO_2 verursacht die Textilindustrie jährlich, das ist mehr als der internationale Flugverkehr und die Kreuzschifffahrt zusammen und macht fünf Prozent der globalen Emissionen aus. Allein um ein Baumwoll-T-Shirt herzustellen (250 Gramm) werden 2500 Liter Wasser oder mehr verbraucht.[72]

Zudem werden immer wieder Skandale aus den Anbau- und Verarbeitungsländern publik, in denen es um Sklaverei-ähnliche Arbeitsverhältnisse geht.

All dies ist das Gegenteil von Nachhaltigkeit, denn Nachhaltigkeit widerspricht dem Grundsatz des Wettbewerbs. Und genau deswegen sollten wir sie anstreben. Denn nur durch nachhaltiges Handeln können wir es schaffen, auf lange Sicht Mensch und Umwelt gesund zu halten – und die allgegenwärtige Politik der Ausbeutung zu beenden.

Stattdessen treten wir zu einem Wettlauf an, der schon auf den ersten Blick unfair ist. Wieso steigen wir nicht aus, schließen uns zusammen und suchen neue Wege, die das Leben für alle lebenswerter machen könnten?

Statt den systemischen Blick zu schulen, strukturelle Probleme zu erkennen und solidarisch zu denken, leben wir frei nach dem Motto: *Jede*r ist sich selbst die oder der Nächste.* Wir kämpfen für uns allein. Und wenn wir rennen, rennen, rennen, uns anstrengen, uns versuchen durchzusetzen und es trotzdem nicht klappt, dann suchen wir die Schuld bei uns selbst, statt zu verstehen, welch große Rolle die strukturellen Ungleichheiten und unfairen Machtstrukturen für jede*n von uns spielen.

Svenja Gräfen schrieb dazu im Buch *Radikale Selbstfürsorge. Jetzt!*: »Du magst zwar *nicht genug für* ... sein, aber das ist nicht deine Schuld. Und: Du. Bist. Nicht. Das. Problem.«[73]

Prinzipiell spricht nichts dagegen, dass jede*r versucht, ein höheres Ziel zu erreichen. Wenn dieses individuelle Streben nach Erfolg allerdings ins Extreme kippt und auf Kosten der Solidarität und des Gemeinsinns geht, haben wir ein Problem – das sieht auch der Philosoph Michael J. Sandel. Er beschreibt, dass Dankbarkeit und Demut die Basis dafür sind, sich um das Gemeinwohl zu sorgen. Wenn aber die Eigenverantwortlichkeit und Autarkie des Einzelnen im Fokus stehen, ist es kaum mehr möglich, überhaupt noch Dankbarkeit und Demut zu empfinden.[74]

Dieses individualistische Verhalten widerspricht dem menschlichen Bedürfnis nach Beziehungen. Wir können nicht allein überleben. Wir sind soziale Wesen. Bindung ist essenziell. Doch leider scheint die »Tyrannei der Leistungsgesellschaft«[75], wie Sandel sie in seinem TED-Talk nennt, diesem Drang nach Verbindung entgegenzustehen. Alle sind auf ihr eigenes Wohl bedacht und ignorieren dabei die Bedürfnisse anderer – auch wenn es manchmal mit einem schlechten Gewissen verbunden ist. Menschen müssen also ihre natürlichen Bedürfnisse nach Verbundenheit ignorieren, wenn sie »ganz oben« dabei sein wollen. Leistungsgesellschaft sticht Solidarität.

Bemühen wir erneut das Bild des Wettrennens: Wer sich um andere kümmern will, muss stehen bleiben und jenen, die gestolpert sind, die Hand reichen. Für diese Geste muss man im kapitalistischen Denkmuster also vermeintliche Einbußen hinnehmen und die eigene Chance auf den Gewinn reduzieren.

Der Hirnforscher Gerald Hüther bestätigt diese These. Er erklärte in einem Beitrag des Hessischen Rundfunks, dass schon Kinder lernen, dass es Ziele gibt, die wir alle verfolgen (sollen): Erfolg, Geld verdienen, die Anerkennung der anderen. So gehe man tapfer durch die Schule, durch die Ausbildung, immer mit dem Ziel, Ideale zu erfüllen. Er erklärt, dass dabei die eigenen Impulse unterdrückt und die persönlichen Bedürfnisse hintangestellt werden, um in der Welt klarzukommen. Das Ergebnis: Man funktioniere, doch das Innere, das Lebendige, sei »weggebuddelt«.[76] Wenn dann etwas passiert, was uns als Menschen berührt, entstehe ein Konflikt, weil sich plötzlich diese ignorierten Anteile wieder melden. Wir werden verletzlich, spüren die Risse in der Fassade. Und dennoch: Die meisten Menschen machen lieber weiter wie bisher, als sich auf unsicheres Terrain zu begeben und sich zu ändern.

Das führt dazu, dass jede*r rennt, so gut es eben geht, und versucht, zu funktionieren, zu leisten und im Wettbewerb mit allen anderen zu bestehen und herauszustechen. Auch wenn es wehtut. Denn wir bekommen vermittelt, dass die individuelle Wahlfreiheit verantwortlich dafür sei, wie die Biografie verläuft: »Individualisierung rückt das Selbstgestaltungspotenzial, das individuelle Tun ins Zentrum.«[77]

Wer dieses Buch bis hierhin gelesen und den Zusammenhang von Privilegien und Macht verstanden hat, wird bereits wissen, dass dieses Denken ein Trugschluss ist. »Die Vorstellung eines *autarken* Ich ist pure Ideologie.«[78] Denn wir alle sind Teil der Machtstrukturen, sind Teil dieses Systems.

Und dennoch findet sie sich überall. Viele (selbst ernannte) Erfolgs-Coaches werben damit, dass Erfolg eine Frage des »Mindsets« sei. Der Gedanke »Wenn du deine Einstellung änderst, dann ändert sich dein Leben« klingt verlockend – ist aber leider eine Illusion.

Denn wie wir anhand unseres Wettrennens bereits erkannt haben, sind die Voraussetzungen so unfair, dass ein »Erfolgs-Mindset« fehlende Privilegien, Diskriminierungen und Machtstrukturen nicht einfach aushebeln oder übergehen kann.

Und trotzdem sitzt dieses Denken, das Leben selbst in der Hand zu haben, tief in uns drin. Sprichwörter wie »Jeder ist des eigenen Glückes Schmied« und Geschichten, die von beruflichen Aufstiegen erzählen (frei nach dem Prinzip »Vom Tellerwäscher zum Millionär«), belegen, dass wir den Trend der Individualisierung nicht nur als Wahlfreiheit hinsichtlich unserer Lebensformen empfinden, sondern als Zwang und Druck, möglichst viel leisten zu müssen, um unsere erfolgreiche Karriere selbst zu gestalten. Der höchste Erfolg im kapitalistisch geprägten Denken scheint der »Selfmade-Millionaire« zu sein. Ohne einen Cent in der Tasche ganz an die Spitze. Und jede dieser Geschichten vermittelt uns unterschwellig die Hoffnung: *Das kannst du auch schaffen, wenn du dich nur genügend anstrengst.*

In unsicheren Zeiten der multiplen Krisen wirken solche Erzählungen wie Strohhalme, an die sich Menschen klammern können. Denn im Gegensatz zu äußeren Umständen haben wir das eigene Handeln immer noch in der Hand. Strukturelle Gegebenheiten blenden wir dabei aus.

Es entsteht allerdings keine echte Freiheit, sondern ein Wahlzwang, der dann auch bitte erfolgreich sein soll. Es gibt also oberflächlich betrachtet die Möglichkeit, eigene Entscheidungen zu treffen, und diese können, zumindest theoretisch, auch fernab der Norm sein; doch diese Entscheidungen sollen Handlungserfolge nach sich ziehen, die vorzeigbar sind.[79] Das Ich, das Individuum, wird also hohen Erwartungen ausgesetzt. Die Freiheit wird zum Performance-Druck. Der Philosoph Michael Sandel zeigt auf, wie durch diese internalisierten Denkstrukturen nicht nur die Verantwortung für den Erfolg, sondern auch für den Misserfolg auf das Individuum geschoben wird: »Die, die es bis nach oben schaffen, glauben, dass sie ihren Erfolg selbst erarbeitet haben, dass er das Ergebnis ihrer Leistung ist und dass diejenigen, die schlecht wegkamen, sich selbst die Schuld dafür geben müssen.«[80] Die Individualisierung suggeriert also eine Wahl- und Gestaltungsfreiheit des eigenen Lebens, blendet dabei aber die bereits analysierten Machtstrukturen, strukturellen Umstände und Ungerechtigkeiten völlig aus.

Wenn ich all diese Erkenntnisse auf mein eigenes Leben übertrage, wird mir einmal mehr bewusst, dass ich nur mit bedingt guten Rahmenbedingungen gestartet bin (zumindest im Kontext unserer westlichen Welt), aber dank der Förderung in der Schule, eines Stipendiums und der massiven Frauenförderung bei den Grünen es doch an die Spitze gebracht habe. Natürlich war dazu meine eigene Bereitschaft vonnöten, aber ganz aus eigener Kraft hätte ich es nicht geschafft. So waren aber auch die Bedingungen meines Rücktritts nicht komplett frei gewählt. Natürlich spielten auch machtpolitische Gruppeninteressen eine Rolle, denen ich mich nicht unterwerfen wollte oder konnte. Es ist immer eine Mischung aus persönlichen Entscheidungen und strukturellen Rahmenbedingungen, die unseren Werdegang beeinflussen.

Dadurch, dass Menschen sich gerade in unsicheren Zeiten an der Selbstwirksamkeit ihrer eigenen Handlungen festhalten und dabei möglicherweise aufgrund fehlender Privilegien nicht so erfolgreich sind wie erhofft, bekommen sie das Gefühl, zu versagen. Dabei ist nicht ihr »falsches Mindset« schuld daran, dass sie trotz ihrer Leistung ungerecht entlohnt werden oder nicht aufsteigen. Schuld ist ein unfaires System. Fehlen dieses Wissen und das systemische Verständnis, entstehen Frustration, Scham und Rückzug – sowie im schlimmsten Fall grenzüberschreitende Arbeitsweisen. So oder so werden die Ungerechtigkeiten zusätzlich verschärft, da sich jene Menschen, die weniger Chancen haben, durch das suggerierte Selbstgestaltungspotenzial der Individualisierung zusätzlich den Vorwurf der Faulheit oder eigenen Schuld aufladen. Sie kämpfen dagegen an, versuchen, alles zu geben, überschreiten ihre Grenzen und beuten sich selbst weiter aus. Ein Teufelskreis.

Früh übt sich – Der entfesselte Wettbewerb

Dieses leistungsorientierte Denken wird uns früh anerzogen. Kein Wunder also, dass die wenigsten Menschen diesen vorherrschenden Leistungskult hinterfragen.

Kaum sind Babys auf der Welt, beginnt der Wettbewerb. *Kann sie schon krabbeln? Ach, er kann noch keinen Löffel halten? Und wann sind deine gelaufen?*

Eltern geben damit an, wie schnell der Nachwuchs windelfrei ist, Fahrrad fährt oder erste Buchstaben malt. Andere drehen schier durch, weil das Kind mit zwei Jahren noch nicht spricht. Selbst Kita-Kinder werden, sofern es sich Eltern leisten können, schon zum Frühchinesisch, in die Musikschule oder zum Malkurs geschleppt. Es wird keine Gelegenheit ausgelassen, den Kleinen die besten Ausgangsbedingungen für ihre spätere Zukunft zu schaffen. Der Unterricht mag spielerisch und lustig gestaltet sein, doch die Intention dahinter ist oft: Das Kind soll später berufliche Vorteile haben. Und das kriegen die Kinder selbstverständlich mit. So lernen sie bereits im Vorschulalter, »worauf es ankommt« – nämlich: besser als andere zu sein. Mal ganz abgesehen davon, dass dieser Stress für kleine Kinder ungesund ist, können sich nur sehr wenige, sehr privilegierte Familien dieses »Förderprogramm« leisten. Denn jeder Kurs kostet Geld und Zeit. Gerade Eltern mit niedrigeren Einkommen haben weder die finanziellen noch zeitlichen Möglichkeiten dafür.

Doch so ungesund, bizarr oder befremdlich man solch ein privates Lehrprogramm auch finden mag – es führt in unserer Gesellschaft in vielen Fällen zu Vorteilen. Und sei es nur durch das Netzwerk, das durch solche Kurse entsteht. Wenn beispielsweise die wohlsituierten Eltern noch beim Abgeben der Kinder plaudern und ganz nebenbei dem schon etwas größeren Sohn der Bekannten einen Praktikumsplatz organisieren. Man bleibt unter sich.

In der Schule wird dann Leistung bewertet, benotet, in gut und schlecht kategorisiert. Es werden Lehrpläne durchgepaukt, dabei wird kaum Rücksicht auf individuelle Talente oder Interessen genommen. Es geht darum, Kinder in ein Raster zu pressen, sie vergleichbar zu machen und zur Leistung anzutreiben. Sie sollen sich konzentrieren und brav sein – eben funktionieren. Mit einem »guten« Abschluss gibt es die Chance auf einen »guten« Studienplatz, mit einem »guten« Studienabschluss kann »man etwas werden«. Und dieses »etwas werden« hat eine klare Zielsetzung: In der Leistungsgesellschaft sollen sie die Rolle als »Human Resource« (»Humankapital« – also als menschliche Ressource) einnehmen.

Dass viele Kinder heute schon in jungen Jahren auf Leistung getrimmt werden, führt auch dazu, dass sie sich verstärkt früh untereinander vergleichen und in Kategorien einsortieren. Wer ist klüger, hübscher, cooler? Wer hat die besseren Voraussetzungen für ein erfolgreiches Leben? Wer hier nicht mithalten kann, macht mitunter schon früh erste Mobbing-Erfahrungen, die tief traumatisierend sein können.

So wird der Vergleich zur Basis der Auf- und Abwertung der Kinder untereinander, der ungerechte Wettkampf beginnt.

Gesunder Wettbewerb kann die Neugier von Kindern anregen oder sie darin beflügeln, eigenständig nach neuen Wissensbereichen zu forschen. Dabei ist aber wichtig, dass es nicht nur ums Gewinnen geht und es auch normal ist, Fehler zu machen. Kinder müssen lernen, mit Rückschlägen umzugehen. Sie lernen bestenfalls im Wettrennen, stehen zu bleiben, wenn ein anderes Kind fällt und weint. Zu helfen, statt zu lachen oder gar einfach weiterzulaufen. Es geht um Respekt und Mitgefühl. Denn genau hier entsteht die Grundlage für eine gesunde Gesellschaft. Für ein solidarisches Miteinander statt ein Gegeneinander. Kinder sollten in jedem Fall lernen, dass unsere Bewertungen auf Privilegien basieren, die ungleich verteilt sind und die kein Anlass für Diskriminierung sein dürfen. Es ist hilfreich, wenn schon Kinder und Jugendliche verstehen, dass unsere Gesellschaft ungleiche Bedingungen schafft – und dass sie mit ihrem Handeln etwas daran ändern können.

In kaum einem Bereich des Lebens ist der Wettbewerb so *stark* ausgeprägt wie in der Arbeitswelt. Es geht um Positionen und Verdienste, um Einflussnahme und Hierarchien. Dabei gibt es nicht nur den Machtkampf der Mitarbeitenden innerhalb eines Unternehmens, sondern auch den Wettlauf der Unternehmen um den höchsten Umsatz und Gewinn – stets dem Irrglauben des permanenten Wachstums folgend. Arbeit ist wichtig – doch wir sollten hinterfragen, welchen Stellenwert sie in unserem Leben einnimmt. Ist es gesund, den eigenen Selbstwert anhand des Jobs zu bemessen? Ist es uns tatsächlich wichtiger, nach Feierabend doch noch kurz der Kollegin zu schreiben, anstatt Zeit mit Freund*innen oder Familie zu verbringen? Was macht es mit der Selbst- und Fremdwahrnehmung und mit der Gesellschaft, wenn die Berufe, die am relevantesten für unser Zusammenleben sind, schlecht bezahlt werden? Und was ist, wenn es nicht mehr genügend Menschen gibt, die diese Berufe ausüben?

Trifft man Leute auf einer Party, die man noch nicht kennt, ist oftmals die erste Frage:»Und was machst du so beruflich?« Diese Unterhaltungen sind zwar per se nicht schlimm, da die Arbeit einen großen Teil unseres Lebens ausmacht. Doch es wird problematisch, wenn Menschen ihren Selbstwert einzig auf Grundlage ihres Jobs aufbauen und sich somit wertlos fühlen, wenn dieser wegbricht.

Viele Menschen definieren sich so sehr über ihren Beruf, dass sie keine Antwort auf die Frage haben, wer sie eigentlich ohne Job wären.

Da wundert es kaum, dass regelmäßig Menschen nach einem Jobverlust in eine schwere Depression fallen oder dass sich Rentner*innen nach dem Wegfall der jahrzehntelangen Berufstätigkeit verloren fühlen. Ich habe nicht selten völlig aufgelöste Abgeordnete nach dem Ausscheiden aus dem Abgeordnetenhaus getröstet. Der Verlust der sinnstiftenden Tätigkeit wog schwer.

Auch wenn sich oft im Nachhinein herausstellte, dass sich neue und meist gesündere berufliche Möglichkeiten eröffnet haben. Wir fragen schon Kinder: »Was willst du mal werden?« Ich finde es erfrischend, wenn überraschende Antworten kommen: »so groß wie Papa«, »mutig« oder »deine Freundin«. Wir Erwachsenen hingegen erwarten Antworten, die mit einer beruflichen Entscheidung zu tun haben. Weil wir tief verinnerlicht haben, dass wir unseren Beruf nicht ausüben, sondern unser Beruf »sind«. Wir sagen nicht: »Ich *arbeite* als Politiker*in, / Coach*in / in der Krankenpflege« und so weiter, sondern »Ich *bin* Politiker*in / Coach*in« und so weiter.

Bezogen auf die Arbeitswelt gibt es viele dieser sprachlichen Finessen, die ihren Stellenwert in unserer Gesellschaft offenbaren.

Ein Beispiel ist mir in der Sendung *RESPEKT* von ARD alpha begegnet. Dort stellt sich der Moderator Ramo Ali die Frage, wieso es »Arbeitgeber« und »Arbeitnehmer« heißt: »Ich gebe meine Arbeit dem Betrieb. Bin ich dann nicht eigentlich der Arbeitgeber? Und der Betrieb nimmt meine Arbeit. Ist er dann nicht Arbeitnehmer? Oder höchstens Arbeitsplatzgeber?«[81] Dieses Wortspiel rückt die Arbeitgebenden in die Rolle großzügiger Förder*innen, die so gütig sind, anderen Menschen einen Arbeitsplatz zur Verfügung zu stellen. Während die Arbeitnehmer*innen sich glücklich schätzen können, dass ihnen eine Anstellung vergönnt ist, und sich entsprechend dankbar zeigen sollten.

Die mangelnde Wertschätzung, die Menschen, die keiner Erwerbsarbeit nachgehen, entgegengebracht wird, verdeutlicht diesen überhöhten Stellenwert der Arbeit. Das allgemeine Mindset ist: Je mehr geleistet wird, desto besser bin ich. Auch ich habe mich in meiner Laufbahn immer wieder selbst darin übertroffen, noch mehr Stunden zu arbeiten, noch mehr Aufgaben gleichzeitig zu übernehmen und an noch mehr Runden teilzunehmen. Harte Arbeit wird glorifiziert und auf den Zug aufzuspringen ist heute leichter denn je.

Wer viel Stress hat, scheint sehr erfolgreich und somit »viel wert« zu sein. Auch außerhalb der Politik nimmt der Wettbewerb in manchen Runden absurde Züge an: Wer macht mehr Überstunden? Wer schläft weniger? Anerkennung erhalten die, die regelmäßig Überstunden machen oder mitten in der Nacht noch E-Mails schreiben. Doch dieses Verhalten zu loben, ist Quatsch. Pausen, Urlaub und ein gesundes Sozialleben sind nicht nur für Körper und Geist wichtig, sie machen uns sogar produktiver bei der Arbeit.

Warum also diese Kultur der Selbstausbeutung? Und wie kommt man auf die Idee, dass der Raubbau an sich selbst auch noch cool oder vorbildlich sei?

Weil es stets um Wachstum, um Höher-Schneller-Weiter, um eine Anhäufung von Kapital geht. Wer nie Überstunden macht und sich gesunde Pausen gönnt, scheint in diesem System nicht mithalten zu *wollen*. Dazu kommt der finanzielle Druck: die steigenden Miet-, Lebensmittel- und Energiekosten. Und die Erwartung von außen, dass man »etwas schaffen« sollte. Also haben wir das Gefühl, immer mehr machen und leisten zu müssen. So wird die Arbeit zum Dreh- und Angelpunkt unserer Existenz.

Dabei gilt nur Lohnarbeit als anerkannte Arbeit. Denn wer kein Geld verdient, ist im Kapitalismus wenig wert. Wieder so eine sprachliche Finesse: Man muss sich das Geld »*verdienen*«. Durch Care-Arbeit *verdient* man aber kein Geld. Wer sich kümmert, kann in der Zeit nicht »richtig« arbeiten. Dementsprechend wird sie auch nicht entsprechend wertgeschätzt oder anerkannt. Das bestätigt auch Teresa Bücker in ihrem Buch *Alle_Zeit*:

Ich wertete [das Kümmern] selbst ab, weil ich gelernt hatte, dass Fürsorge keine richtige Arbeit ist. Und der Kontoauszug mit dem Elterngeld bestätigte mir noch einmal deutlich, dass die Zeit mit meinem Kind weniger wert war als mein Job.[82]

Dass das Unsinn ist, wissen alle, die selbst schon einmal allein verantwortlich für Kind(er) und Haushalt waren. Für manch eine*n Angestellte*n sind die bezahlten Arbeitsstunden im Gegensatz zur Intensität der Care-Arbeit regelrecht erholsam. Es stimmt nicht, dass Leistung über Entlohnung entscheidet. Da ist der Speaker, der für einen einstündigen Auftritt einen fünfstelligen Betrag kassiert. Und da ist die Altenpflegerin, die noch einen Nebenjob braucht, um Miete und Einkauf bezahlen zu können. Niemand kann mir erzählen, dass das gerecht ist und einer korrekten Definition von wertvoller Leistung entspricht. Im Gegenteil. Die Altenpflegerin macht einen gemeinwohlorientierten Knochenjob, der Speaker erzählt vielleicht totalen Mist. Würde es also tatsächlich um Leistung gehen, müssten die Einkommensverhältnisse genau umgedreht sein.

Nun könnte man meinen, dass die Betroffenen den falschen Job gewählt haben – aber so einfach ist es nicht. Denn wir können nicht alle Speaker*innen und Manager*innen sein. Oft sind gerade Menschen, die einen Knochenjob haben, für unsere Gesellschaft unverzichtbar.

Abgesehen von der massiven Erschöpfung, die mit den Arbeitsbedingungen einhergeht, verlieren wir durch das Missverhältnis von Wertschätzung, Einkommen und Arbeit unseren natürlichen Zugang zu Tätigkeiten, die uns wahrhaftig erfüllen, weil sie vielleicht nicht dem Ideal der kapitalistischen Leistungsgesellschaft entsprechen.

Auch Hirnforscher Gerald Hüther kritisiert unsere Definition von Arbeit.[83] Die Lohnarbeit, so wie wir sie kennen und leben, entspräche nicht dem Bedürfnis nach »tätig sein« in unserem Gehirn. Dieses »tätig sein« bedeutet, dass man das Leben selbst gestaltet, so der Experte – und dabei geht es nicht darum, die eigene Arbeitskraft zu verkaufen. Es braucht keinen Gegenwert, die Tätigkeit wird als Selbstzweck ausgeführt. Dadurch, dass wir aber verinnerlicht haben, des Geldes wegen zu arbeiten, handeln wir quasi gegen unser Bedürfnis und werten automatisch gewisse Tätigkeiten auf oder ab, weil diese besser, schlechter oder gar nicht bezahlt werden. So lehnen wir gewisse Jobs ab, selbst wenn sie uns eigentlich sehr viel Freude bereiten und Erfüllung bringen würden.

Ich gehe fest davon aus, dass viele Menschen anders arbeiten würden, wenn sie unabhängig von Geld, Prestige, Macht und gesellschaftlicher Anerkennung tätig sein könnten. Wenn wir alle unserer intrinsischen Motivation nachgehen könnten, würden selbstausbeuterische Zwänge und tiefgreifende Erschöpfungssymptome nachlassen.

Unsere Schwierigkeiten mit der Arbeit haben aber auch noch eine weitere Facette: Während die Babyboomer vom Wirtschaftswunder in den 60er-Jahren geprägt waren und meine Generation, die Gen X, von hohen Arbeitslosenquoten in den 80er- und 90er-Jahren, erleben wir in den 2000er-Jahren eine erneute Konjunkturphase. Der Einfluss des Wirtschaftswachstums auf den Arbeitsmarkt ist augenscheinlich, der Bedarf an Fachkräften wird größer.

Doch bereits heute fehlen knapp 540 000 Arbeitskräfte allein in Deutschland.[84] Die Gründe dafür sind vielseitig. Viele junge Menschen entscheiden sich gegen Ausbildungsberufe und studieren lieber (Stichwort: gesellschaftliche Anerkennung). Gleichzeitig gibt es immer mehr Jugendliche, die ganz ohne Abschluss die Schule verlassen. Knapp jede*r zehnte Deutsche zwischen 18 und 24 Jahren geht weder einer Arbeit noch einer Berufsausbildung nach.[85] Dazu kommen die hohe Arbeitsbelastung, die in vielen Berufen mit schlechten Gehältern gepaart ist, sowie eine junge Generation, die wenig motiviert ist, die Arbeitsbedingungen ihrer Eltern zu übernehmen.

Zudem bleibt viel zu oft unerwähnt, dass wir mitten in einem demografischen Wandel stecken. Aktuell findet eine Verschiebung der Bevölkerungsstruktur statt. In unserer Gesellschaft leben immer mehr alte Menschen, immer weniger junge stehen für den Arbeitsmarkt zur Verfügung. Die Geburtenrate liegt aktuell bei knapp 1,58 Kindern je Frau. Selbst wenn sich diese noch etwas erhöhen sollte, liegen wir damit noch weit unter Bestandserhaltungsniveau: »Die Reproduktion einer Bevölkerung ist gewährleistet, wenn die durchschnittliche Zahl der Kinder, die eine Frau im Laufe ihres Lebens bekommt, bei 2,1 liegt«[86], so die Bundeszentrale für politische Bildung.

Gleichzeitig gehen die geburtenstarken Babyboomer in Rente. Basierend auf dieser Tatsache prognostiziert das Nürnberger Institut für Arbeitsmarkt- und Berufsforschung (IAB), dass »dem ohnehin vom Fachkräftemangel geplagten deutschen Arbeitsmarkt [...] bis 2035 sieben Millionen Arbeitskräfte verloren [gehen] – wenn nicht gegengesteuert wird«.[87]

Stimmen die Untersuchungen des IAB, ist die Lücke, die sich hier auftut, fast dreizehnmal größer als heute. Das würde nicht nur ein massives Problem für den Arbeitsmarkt darstellen, sondern hätte auch weitreichende Folgen für unsere Gesellschaft. Bereits jetzt fehlen IT-Expert*innen, um den digitalen Wandel in Wirtschaft und Verwaltung voranzubringen. Handwerksbetriebe suchen seit Jahren händeringend Personal – sie sind essenziell, um die Energie- und Klimawende umzusetzen. Aufgrund des Fachkräftemangels in sozialen Berufen und der Pflege stehen wir zudem schon heute vor einer veritablen Care-Krise.

Wenn wir dieser Situation nicht klug und zukunftsorientiert begegnen, bewegen wir uns in einem Abwärtsstrudel, der bereits begonnen hat. Viele Pflegeeinrichtungen können aufgrund von Personalmangel nicht mehr die benötigte Versorgung anbieten. Fälle von Kita-Schließungen sehen wir schon jetzt immer häufiger.[88]

Und wenn die Kinder nicht betreut werden können, bleiben die Eltern, vor allem aber die Frauen, zu Hause und fehlen auf dem Arbeitsmarkt. Immer wieder lese ich in sozialen Netzwerken Beiträge von Frauen, die gern arbeiten würden, aber nicht können, weil Kitaplätze für ihre Kinder fehlen.[89]

Diese Zustände können wir uns heute und schon gar nicht in der Zukunft leisten. Denn die Anzahl der Menschen, die versorgt werden müssen, wächst. Dies bestätigen offizielle Vorausberechnungen: »Mit steigender Lebenserwartung wird die Zahl der Hochbetagten weiter zunehmen: Laut aktueller Bevölkerungsvorausberechnung könnten 2050 zehn Millionen Menschen 80 Jahre und älter sein.«[90]

Kein Bereich zeigt so deutlich: Wenn wir nicht gegensteuern, dann laufen wir unwillkürlich auf einen Kipppunkt zu, der dem System (in diesem Fall unserem Gesundheitssystem, aber auch den Sozialsystemen insgesamt) schweren Schaden zufügen wird. Die Funktionsfähigkeit kann dann nicht mehr gewährleistet werden.

Selbst wenn die Arbeitsbedingungen in der Pflege, in den Bildungseinrichtungen und anderen Branchen verbessert werden, wird es schlichtweg weniger Menschen geben, die überhaupt die körperlichen und geistigen Voraussetzungen für diese Jobs erfüllen – und dann auch noch Lust dazu haben. Der Fachkräftemangel kann demnach nicht allein durch die junge Generation aufgefangen werden.

Es ist eine einfache Rechnung: Können oder wollen immer weniger Menschen arbeiten, bei gleichzeitig immer mehr Menschen, die versorgt werden müssen, und einem Wirtschaftssystem, das auf kontinuierliches Wachstum ausgerichtet ist, dann fehlen irgendwann so viele Menschen auf dem Arbeitsmarkt, dass diejenigen, die dann noch arbeiten, einer noch höheren Mehrfachbelastung ausgesetzt sind und folglich irgendwann ebenfalls aufgeben. Das Gesamtsystem, das auf Arbeitsteilung und Spezialisierung beruht, droht so in Teilen zu kollabieren.

Always On – Was die Digitalisierung für uns bedeutet

Teil der Leistungsgesellschaft ist auch die Tatsache, dass wir ständig erreichbar sind und umgekehrt alles und jede*n ständig erreichen können. Das ist wahnsinnig praktisch, führt aber unter Umständen zu Dauerstress. Wenn wir über kollektive Erschöpfung sprechen, müssen wir demnach auch die Auswirkungen der Digitalisierung auf unser Leben verstehen. Beginnen wir beim Smartphone, das ein wesentlicher Bestandteil unseres privaten wie auch beruflichen Lebens geworden ist.

Weil es so wahnsinnig praktisch ist, alles dabeizuhaben und mit allen in Verbindung zu stehen, sind wir quasi pausenlos »on«. Digitales und reales Leben verschwimmen immer mehr. Wir machen keinen Feierabend, legen das Smartphone nicht weg, selbst wenn die Arbeitszeit vorbei ist. Wir haben es dabei, Tag und Nacht, wir nehmen es im wahrsten Sinne des Wortes mit ins Bett. Inklusive E-Mail-Postfach, To-do- und Einkaufsliste sowie dem neusten Shitstorm. Wieso wundern wir uns eigentlich darüber, nicht mehr gut zu schlafen? Wenn all das so präsent neben unserem Kopfkissen liegt und zu rufen scheint: *Schlaf nicht ein, ich hab dir noch etwas Wichtiges zu erzählen! Wenn du das nicht liest, verpasst du etwas!*

Beim Arbeiten bestellen wir zwischendurch kurz ein Geschenk, in unserer Freizeit beantworten wir eine berufliche Mail. Morgens schauen viele als Erstes aufs Display.

Es gibt kein Entweder-Oder, kein »reales« und »digitales« Leben, kein geregeltes und abgegrenztes Nacheinander. Stattdessen passiert alles gleichzeitig. Obwohl wir doch eigentlich wissen, dass Multitasking nie funktioniert. Ich kenne nicht wenige Menschen, die spätabends oder am Wochenende noch Nachrichten mit Kund*innen oder Kolleg*innen austauschen, ich gehöre selbst zu ihnen. Diese dauerhafte Erreichbarkeit führt aber auch zu einer gefährlichen Entgrenzung zwischen Digitalem und Privatem oder zwischen Arbeit und allem anderen. Denn wer immerzu online ist, kann niemals abschalten.

Durch die ständige Präsenz des Smartphones sehen und hören wir sofort, wenn Nachrichten eintrudeln. Selbst wenn wir auf eine Mail nicht sofort antworten, machen wir uns ganz automatisch Gedanken.

Wenn ich mit meiner Familie esse und aus dem Augenwinkel sehe, dass zahlreiche Push-Mitteilungen auf Twitter aufploppen, schaue ich nach, was los ist. Droht ein Shitstorm? Schnell mal die Diskussionen im Netz überfliegen. Ohne aufzuschauen, sage ich:»Kinder, könnt ihr den Tisch abräumen?« Kurz darauf entfährt mir ein verärgertes Zischen. Oh Mann, was für ein ätzender Kommentar. Ich lege mein Handy kurz weg und komme wieder in der Realität an.

»Hast du noch Hausaufgaben?«, frage ich mein Kind. »Ja, ich hab dir dazu doch einen Link geschickt.« Also: Smartphone wieder in die Hand. Und während ich auf den Link klicke, um bei den Hausaufgaben zu helfen, schiele ich immer wieder auf neue Tweets.

Dieses Nebeneinander der Welten ist für uns alle anstrengend. Und nicht nur mit Schulkindern kommt es zu solchen Überschneidungen.

Wenn ich an der Kasse im Supermarkt warten muss und auf dem Handy die hitzigen Diskussionen der Parteikolleg*innen verfolge, bildet sich in meinem Kopf automatisch eine Meinung. Während ich das Gemüse aufs Band lege, bin ich kurz abgelenkt. Habe ich noch einen Moment Zeit in der Warteschlange, dann beteilige ich mich an der Diskussion – und die geht auch nach dem Bezahlen an der Kasse weiter. Auf dem Heimweg. Im Treppenhaus. Beim Abendessen. Beim Zähneputzen. Im Bett. Auf dem Smartphone existiert kein Stillstand. Es fordert unser Gehirn immer wieder heraus. Bestenfalls mit Inspiration, schlimmstenfalls mit Empörung und Entsetzen.

»Nur mal kurz gucken« führt dazu, dass wir das Gefühl von Leere und Langeweile verlernen und nie gedankenfreie Zeit haben. Das Abschweifen in die digitale Welt ist das Gegenteil von der viel gelobten Achtsamkeit im Hier und Jetzt. Wir sind »always on«. Für einige Menschen entsteht auf diese Weise ein Dauerstress, der zu anhaltender Müdigkeit führt. Und trotz besseren Wissens schaffen sie es kaum, etwas zu verändern.

Auch der Druck, auf Social-Media-Plattformen »performen« zu müssen, steigt stetig. Eine hohe Reichweite, ein sympathischer Online-Auftritt und eine gute Sichtbarkeit sind in vielen Branchen inzwischen klare Wettbewerbsvorteile. Je mehr Leute einer Person folgen, je mehr Klicks sie bekommt, desto bekannter und berühmter wird sie. Wird eine bestimmte Schallgrenze überschritten, dann ist sie offiziell »Influencer*in«. Das macht deutlich, warum Menschen, die Einfluss nehmen wollen, nicht um soziale Medien herumkommen. Dazu gehören auch Politiker*innen. Denn zum einen wollen sie Menschen mit ihrer Performance, also ihren Überzeugungen, Ideen und Erfolgen beeindrucken, und zum anderen müssen sie dorthin, wo sie viele Menschen erreichen.

Doch nicht jede*r hat Lust, sich mit Social-Media-Kanälen herumzuschlagen. Denn die Kehrseite dieser Zurschaustellung des eigenen Lebens führt leicht zur Entgrenzung des Privatlebens – bis hin zu massiven Angriffen auf dieses. So löschte Robert Habeck 2019 seine Facebook- und Twitter-Accounts, nachdem zum einen private Nachrichten gehackt und veröffentlicht wurden und er sich zum anderen selbst dabei beobachtet hatte, wie Twitter ihn verlockte, aggressiver und zugespitzter in seiner Kommunikation zu werden. Die ersten Reaktionen auf seinen »Ausstieg« waren fast durchweg höhnisch, spöttisch und kritisch. Ein Shitstorm prasselte auf ihn ein: Wer in unserer Politik in erster Reihe mitspielen wolle, dürfe aus der digitalen Gesellschaft nicht aussteigen, so der Tenor. Doch Habeck blieb dabei, bewies damit Mut und schützte sich selbst.

Der Gedanke, Menschen auf der ganzen Welt durch Social-Media-Plattformen virtuell miteinander zu verbinden, klingt grandios und ist dies ohne Frage auch. Doch die digitale Kommunikation führt viel zu oft zu einer Entgleisung der Umgangsformen, zu Beleidigungen und Shitstorms. Wer sich öffentlich präsentiert, wirft sich den Löwen zum Fraß vor. Hate Speech führt dazu, dass Betroffene einem heftigen emotionalen Stress ausgesetzt sind.[91] Die kommunikativen Entgleisungen können Angst, Verunsicherungen und Selbstzweifel erzeugen oder verstärken, psychische Erkrankungen oder sogar reale Bedrohungen zur Folge haben. Auch wird der Eindruck der gesellschaftlichen Realität verzerrt, da der Diskurs im Netz in großen Teilen von lauten Minderheiten geführt wird. Somit »entsteht oft der Eindruck, menschenverachtende Ansichten würden die mehrheitliche Meinung bestimmen«.[92]

Zahlreiche Politiker*innen wurden bereits Opfer digitaler Hasstiraden. Egal ob wegen eines politischen Fehlverhaltens oder eines von der »Norm« abweichenden Äußeren. Schon Kleinigkeiten reichen, um negative Aufmerksamkeit auf sich zu ziehen. Es sind keine Diskussionen, die das Ziel haben, etwas zu verändern, sondern es ist das Abladen von Frust, Hass, Wut und Aggression, um Menschen zu zerstören. Fernab von Menschlichkeit, Empathie und Verständnis. Manchmal ist dieser Gegenwind so immens, dass es zu Tragödien kommt, die sogar tödlich enden können. So zum Beispiel im Fall der österreichischen Ärztin Lisa-Maria Kellermayr, die Suizid beging, nachdem sie sich in Corona-Zeiten für das Impfen starkmachte und ihr daraufhin monatelang extremer Hass, Bedrohungen und Tötungsfantasien entgegenschlugen.

Auch die Bündnisgrüne Politikerin Renate Künast wurde immer wieder aufs Heftigste in den sozialen Medien beschimpft und beleidigt. Diese Erfahrungen nahm sie jedoch nicht einfach so hin, sondern ging dagegen vor. Beispielsweise erstattete sie Anzeige gegen einen Täter, der sie mit verschiedenen Schimpfwörtern beleidigt hatte. Das Landgericht in Berlin wertete die Kommentare im ersten Schritt als zulässige Meinungsäußerung, doch Künast ließ nicht locker. Sie legte Beschwerde ein, und tatsächlich wurden immer mehr Beleidigungen als solche anerkannt und bestraft. Renate Künast wurde zu einer wichtigen Vorkämpferin gegen Hass im Netz – ein Kampf, der auch Jahre später noch lange nicht vorbei ist. Im Gegenteil. Es ist wichtiger denn je, dass weitergekämpft wird.

Darüber hinaus leidet die Meinungsvielfalt unter den Entgleisungen in der Kommunikation:»Durch gezielte Angriffe auf Meinungsträger*innen, die dem vorherrschenden Konsens der Mehrheitsgesellschaft widersprechen, können sich bestehende Macht- und Ungleichheitsdynamiken verfestigen oder sogar verstärken.«[93]

Von Hate Speech Betroffene sind oft diejenigen, die im realen Leben sowieso schon Diskriminierung erleben. Denn»wir verstehen Hate Speech vor allen Dingen als vorurteilsgeleitete Hassrede, die sich von Personen, die sich mit Gruppen identifizieren, gegen andere Personen oder Gruppen richtet«.[94]

Trotz alledem ist das Internet mit all seinen Vorteilen aus unserem Leben nicht mehr wegzudenken. Deshalb ist es wichtig, künftig einen gesunden Umgang zu entwickeln und klare Grenzen zu setzen – sowohl für den Gebrauch als auch für die Regeln im Netz. Denn gerade junge Menschen müssen lernen, dass es nicht normal und okay ist, im Netz beschimpft und beleidigt zu werden.

Nicht nur in Sachen Digitalisierung werden die Unterschiede der Generationen deutlich. Auch hinsichtlich der Frage, wieso wir den ganzen Leistungsquatsch überhaupt mitmachen, lohnt es sich, einen Blick auf die Prägungen der Generationen zu werfen. Denn hier finden sich Ideale, die tief internalisiert sind – und die ein Umdenken so schwer machen. Die Babyboomer zeichnen sich nicht nur durch ihre außergewöhnlich hohe Geburtenrate der Jahrgänge 1946 bis 1964 aus, sondern gelten auch als die Generation des Wirtschaftswunders. Kaum eine Generation identifiziert sich selbst so mit ihrer Arbeit und einem ausgeprägten Leistungswillen wie sie. Alle sozialen Schichten hatten einen Zugang zu Bildung, die Arbeitslosenquoten sanken – beste Voraussetzungen für einen hoffnungsvollen Blick in die Zukunft und eine hohe Motivation und Leistungsbereitschaft.[95]

Ich wurde 1976 geboren, und im Gegensatz zu den Babyboomern hatte sich das Arbeitsmarktklima meiner Generation geändert und wurde geprägt von den höchsten Arbeitslosenzahlen der Nachkriegsgeschichte. Als Studierende machten wir Witze darüber, dass wir eh nur Jobs im Taxiunternehmen oder in der Pommesbude finden würden. Selbst Professor*innen scherzten, dass vermutlich viele zukünftige Arbeitslose im Hörsaal säßen. Uns wurde vermittelt, dass es in der Berufswelt kaum Platz für alle, sondern nur für die Allerbesten gäbe, also die, die nach Studienabschluss in Rekordzeit drei Jahre Auslands- und am besten auch Berufserfahrung, fünf Fremdsprachen, etliche Praktika, Ehrenämter und natürlich noch die entsprechenden Extra-Qualifikationen abhaken konnten. Zudem hatten nur diejenigen eine Chance, die über den nötigen Hintergrund, die richtigen Netzwerke oder unfassbare Exzellenz verfügten. Kurz: Uns wurde vermittelt, dass wir jede Chance ergreifen müssten, die sich uns bot. Koste es, was es wolle. Es ging also nicht einmal nur um Erfolg im eigentlichen Sinne, sondern um die Frage, ob wir überhaupt eine Chance hätten, einmal zur Arbeitswelt zu gehören. Der Leistungsdruck war damit nicht nur immens, sondern die Bedingungen für das Wettrennen gnadenlos. Da wundert es nicht weiter, dass gerade Menschen aus meiner Generation gelernt haben, dass Leistung entscheidend fürs Überleben ist. Dieser Wettbewerb wurde gar nicht erst hinterfragt, sondern war die zwingende Voraussetzung dafür, ein anerkanntes Mitglied der Gesellschaft zu werden.

Die *FAZ* bezeichnete die Gen X auch als »Generation Perfekt«[96]. In dem gleichnamigen Artikel versuchen zwei Redakteure, die gesellschaftlichen Prägungen von Politiker*innen, die gerade in ihren Vierzigern sind, besser zu verstehen. Ihre Analyse ist durchaus spannend:

So lernten die Jahrgänge um 1980 [...] in ihren ganzen formenden Jahren das Gleiche. Erstens: Du musst dich anstrengen, um dich durchzusetzen. Zweitens: Du darfst keine Chance ungenutzt lassen. Drittens: Wenn du irgendwo eine Lücke im Lebenslauf hast, darf das niemand merken.[97]

Diese Erfahrungen betreffen viele Menschen. Und die resultierenden Denkmuster, die im gesamten Leben immer wieder als Entscheidungsgrundlage dienen, sind auch in den Köpfen vieler jüngerer und älterer Menschen fest verankert.

Die junge Autorin Emily Hadasik schrieb 2019 beispielsweise auf bento.de selbstkritisch, dass sie manchmal auf die Frage, was sie heute so gemacht habe, Antworten gebe, die nach möglichst viel Stress und Arbeit klingen. Nur, um nicht faul zu wirken.[98]

Die junge Journalistin weiß, dass dieses leistungsbezogene Denken Irrsinn ist. Und dennoch entdeckt sie immer wieder bei sich selbst, wie sehr auch sie davon geprägt ist:»Ich werte andere unterbewusst ab, wenn sie mehr Zeit haben, und begründe es damit, dass ihr Studium nicht so aufwendig ist oder sie nicht so ehrgeizig sind wie ich.«[99]

Die Generation X hat die Prinzipien der Leistungsgesellschaft tief verinnerlicht, eine ungesunde Portion Perfektionismus hinzugefügt und diese Kombination zumindest in Teilen an die nächste Generation weitergegeben. Leistung ohne Fehler, ohne Lücke, ohne Pause – da klingt es nur logisch, dass bei solchen Ansprüchen die Menschlichkeit verloren geht. Nicht nur anderen gegenüber, auch im Umgang mit sich selbst. Statt fürsorglich mit dem eigenen Körper und Geist umzugehen, haben die Menschen meiner Generation gelernt, nur eine Chance zu haben, wenn sie sich selbst immer weiter optimieren, in jeder Hinsicht. Viele Menschen empfinden diese ständige Arbeit an der eigenen Karriere als völlig normal. Es erfordert einen selbstkritischen Blick und Mut, diese Muster zu erkennen, zu verstehen und zu durchbrechen. Und: Es ist ein Prozess. Doch wenn wir die perfektionistischen Ideale und den überzogenen Ehrgeiz, die meine Generation so tief verinnerlicht haben, nicht hinterfragen, wird der Wettkampf immer gnadenloser. Zudem verlieren wir bereits jetzt, beim Kreisen um die eigene Selbstoptimierung, das Gemeinwohl aus den Augen. So beuten wir uns nicht nur selbst aus, sondern spielen auch andere bewusst oder unbewusst aus, um die eigene Leistung herauszustellen. Und damit treiben wir das ermüdende Spiel um die Macht immer weiter.

Dass es nicht endlos so weitergehen kann, zeigen uns bereits die nachfolgenden Generationen. Insbesondere die Gen Z, also die Menschen, die zwischen 1996 und 2010 geboren wurden. Sie nehmen wahr, wie erschöpft bereits heute viele Menschen, unter anderem die eigenen Eltern, sind und verlieren die Lust, sich diesem System aus Krisen und Wettbewerb unterzuordnen.

Hinzu kommt ein wesentlicher Unterschied: Diese junge Generation ist nicht wie ich in dem Gefühl aufgewachsen, dass der Arbeitsmarkt kaum Platz für sie bietet und dass sie nur mit selbstzerstörerischem Perfektionismus eine Existenz aufbauen können. Im Gegenteil, ihnen ist bewusst, dass der Arbeitsmarkt auf sie angewiesen ist. Mit diesem Wissen kann die jüngere Generation ihre eigenen Regeln aufstellen und uns unsere Selbstausbeutung deutlicher vor Augen führen, als wir es selbst können.

Gleichzeitig weiß ich, dass es vor allem die privilegierten und akademisch ausgebildeten jungen Menschen sind, die sich dem System widersetzen. Die nicht ums finanzielle Überleben kämpfen und überhaupt die Möglichkeit haben, das nötige Selbstbewusstsein für die Rebellion aufzubauen. Denn es braucht häufig einen gewissen Grad an Bildung und Reflexionsfähigkeit, um zu erkennen, dass die kapitalistische, leistungsorientierte Arbeitswelt an der Erschöpfung ihrer Eltern schuld ist. Es ist also mit Sicherheit nicht eine ganze Generation, über die wir hier sprechen. Dafür sind unsere Rollenmuster und Machtstrukturen noch viel zu präsent. Denn die meisten Kinder wissen schon im Kindergartenalter unbewusst, wo ihr vermeintlicher Platz in der Gesellschaft ist und welche Ideale sie zu erfüllen haben.

Und trotzdem gibt es mir Hoffnung, dass immer mehr junge Menschen verstehen, dass die Mechanismen der Arbeitswelt nicht funktionieren, und beschließen, es anders zu machen. Denn davon profitieren nicht nur sie selbst, sondern auch ältere Generationen, die sich aus der Erschöpfungsspirale befreien können.

Krisen als Katalysator

Krisen versetzen uns in Alarmbereitschaft und verursachen einen ständig im Hintergrund arbeitenden Stress. Wenn um uns herum Dinge passieren, die wir nicht in der Hand haben, entsteht ein Gefühl von Unsicherheit und Ohnmacht, vielleicht verbunden mit Ängsten, Verzweiflung und Wut. Während ich dieses Buch schreibe, also Anfang 2023, ist unsere Gesellschaft gleich mit mehreren Krisen konfrontiert. Die Coronapandemie stellte unser Leben ab März 2020 auf den Kopf. Nicht nur die Angst vor Ansteckung und gravierenden gesundheitlichen Folgen machte uns zu schaffen, sondern auch allgemeine Unsicherheit und Überforderung. Krisen wirken wie ein »Brennglas« oder ein »Katalysator«. Wir können aus ihren Wirkungen wichtige Lehren schließen und aufzeigen, an welchen Stellen gesellschaftlich Handlungsbedarf besteht.

Haben Menschen nur wenige Rücklagen, kommen sie gerade so über die Runden – die explodierenden Energiepreise und die hohe Inflation wirken sich hier aber natürlich stärker aus als bei Menschen, die ein höheres Einkommen, eine Erbschaft im Rücken und Solarpanels auf dem Dach haben.

Lebe ich allein, wirkt die soziale Isolation eines Lockdowns anders auf mich als auf Studierende in einer WG oder eine harmonische Familie. Bin ich Anfang 20, löst die Klimakrise bei mir andere Ängste aus als bei Menschen, die über 70 sind.

Grundsätzlich lässt sich feststellen: Je höher der gesellschaftliche und finanzielle Status einer Person ist, desto weniger hart wird sie von Krisen getroffen. Privilegien wirken also als Vorteile in Krisensituationen. Fehlende Privilegien sind zusätzliche Nachteile, die in der Folge zu substanziellen privaten Krisen führen können. Das hat vor allem zwei Gründe: Fehlt der finanzielle Background, entstehen schneller existenzielle Nöte, und ist die emotionale Belastung im Alltag sowieso schon hoch, kann die Krise dazu führen, dass die Belastungen grenzüberschreitend werden.

Die herausforderndsten Zeiten waren in der Coronapandemie ohne Frage die Lockdowns. Ausharren in der vielleicht viel zu kleinen Wohnung, keine sozialen Kontakte, keine Kita, keine Schule. Mehr Gewalt, mehr Einsamkeit, mehr Angst vor dem Tod oder dem wirtschaftlichen Ruin.

Gerade Eltern, insbesondere Alleinerziehende, hatten oft keine andere Wahl, als ihre Stunden zu reduzieren und so ihre oft sowieso schon prekäre Situation zu verschlimmern.

Laut einer Studie der Bertelsmann Stiftung waren es vor allem die Frauen, die in der Pandemie die größte Last trugen.[100] »Wir erleben eine entsetzliche Retraditionalisierung. Die Aufgabenverteilung zwischen Männern und Frauen ist wie in alten Zeiten, eine Rolle zurück«[101], schrieb die Soziologin Jutta Allmendinger im Sommer 2020. Sie bezweifelt, dass der neue Trend zum Homeoffice eine bessere Vereinbarkeit von Familie und Beruf ermöglicht. »Homeoffice hindert Frauen am Karrieremachen. Denn Homeoffice ist nicht geschlechtsneutral. Es gibt kulturelle Prägungen, die dazu führen, dass Frauen sich dann neben ihren Teilzeitjobs eher um den Haushalt und um die Kinder kümmern als die Männer«[102], so Jutta Allmendinger. Die Journalistin Sabine Rennefanz beschreibt das Homeoffice für die Frau provokativ als »eine Art Fünfziger-Jahre-Hausfrau-Modell, [...] nur mit Twitter-Account«.[103]

Das Weltwirtschaftsforum hat 2019 errechnet, dass es etwa 95 Jahre bis zur Gleichstellung dauern würde, wenn wir so weitermachen wie bisher.[104] Das war vor der Pandemie. »Nach den verheerenden Entwicklungen des ersten Coronajahrs sind es nun 135,6 Jahre.«[105]

Der Kampf um Gleichberechtigung der Geschlechter hat in der Krise in vielen Familien eine Rolle rückwärts gemacht.

Drei Jahre nach Beginn der Pandemie sind deren Auswirkungen besonders bei Kindern und Jugendlichen auffällig. Im Februar 2023 sagte der Chefarzt der Kinder- und Jugendpsychiatrie Esslingen, Gunter Joas, im Interview mit dem SWR: »Der Ausnahmezustand, den die jungen Menschen erlebt haben, führt jetzt zu einer Zunahme von Ängsten, Depressionen und Essstörungen.« Und: »Ich bin schon sehr lange im Geschäft, aber die hohe Zahl an Kindern mit lebensverneinenden Gedanken bis hin zu akuter Suizidalität, die ich derzeit sehe, erschreckt mich.«[106] Die Pandemie mag beendet sein, doch die Folgen sind es noch lange nicht. Sie werden jetzt erst richtig sichtbar.

Kinder und Jugendliche waren und sind die Verlierer*innen der Corona-Krise. Obwohl sehr schnell klar war, dass die Erkrankung bei den meisten Kindern eher harmlos verlief, wurden sie weggesperrt, damit sie niemanden anstecken konnten. »Ich habe schon das Gefühl, dass das Pandemiegeschehen am Anfang sehr auf dem Rücken der Kinder kontrolliert wurde«[107], sagte Daniel Vilser, Leitender Oberarzt an der Klinik für Kinder- und Jugendmedizin des Universitätsklinikums Jena, im

Mai 2022 im Podcast »Coronavirus-Update«. »Das heißt, dass die Einschränkungen der Kinder dramatischer gewesen sind als die, die wir Erwachsenen zu erdulden hatten.«[108] Besonders erschreckend sind die Auswirkungen der Lockdowns auf die Explosion der Zahlen von häuslicher Gewalt. So sind laut Senatsverwaltung für Justiz, Verbraucherschutz und Antidiskriminierung »die Verfahren nach dem Gewaltschutzgesetz an den Berliner Familiengerichten im ersten Quartal 2020 um 7,5 Prozent im Vergleich zum Vorjahreszeitraum angestiegen«.[109] Bereits nach dem ersten Lockdown im Frühjahr 2020 berichtete die Gewaltschutzambulanz von einem massiven Anstieg schwerer Verletzungen, auch bei kleinsten Kindern. Und das sind nur die gemeldeten Fälle. Die Leiterin der Gewaltschutzambulanz schilderte in einem Vortrag im Abgeordnetenhaus schlimmste Gewaltexzesse an Kindern – mehrere Abgeordnete brachen vor Entsetzen in Tränen aus.

Nicht nur in der Corona-Krise offenbarte sich die Ignoranz gegenüber unseren jüngsten Mitgliedern der Gesellschaft. Viele junge Menschen engagieren sich für mehr Klimaschutz oder eine gerechtere Bildungspolitik und ernten damit keine Anerkennung für ihre wichtige Arbeit, sondern viel Kritik.

Sie haben den Mut, aufzustehen und für ihre Anliegen zu kämpfen, werfen der Politik verkrustete Strukturen vor, die ihnen ihre Zukunft versauen. Ich halte dieses Engagement für immens wichtig. Auch meine Tochter appellierte im Alter von neun Jahren auf einer selbstorganisierten Mini-Klima-Demo an uns: »Wir müssen das Klima retten. Denn wir haben einfach noch mehr Zukunft vor uns als ihr.« Ich bin natürlich sehr stolz auf so viel Mut. Gleichzeitig macht es mir bewusst, mit wie vielen Krisen sie und ihre Generation zu kämpfen haben werden. Wie erschöpfend es ist, schon im Grundschulalter Pandemie, Krieg in Europa, Inflation und eine Energiekrise zu erleben.

Ein Freund führt Berufsberatungen mit jungen Menschen durch. Er erzählte mir, dass in letzter Zeit immer häufiger Jugendliche in diesen Sitzungen psychisch zusammenbrechen, weinen, überfordert wirken und pessimistisch auf ihre Zukunft blicken. In diesen Beratungen öffnen sich Ventile, aus denen all der angestaute Frust dieser Krisengeneration herausfließt. All die Ausnahmezustände, die sie bereits erleben mussten, stecken sie nicht einfach so weg. Die Aussicht auf eine Welt in der Klimakrise nimmt ihnen zusätzlich den Optimismus.

Statt Applaus dafür zu bekommen, wenn sie trotz all dieser Belastungen nicht aufgeben und lautstark für eine bessere Welt kämpfen, werden junge Menschen mit Terroristen verglichen. Statt für ihre Forderungen nach einer verträglicheren Arbeitswelt und mehr psychische Gesundheit wertgeschätzt zu werden, werden sie als »faul« beschimpft.

Ein kinderfreundliches Land sieht in meinen Augen anders aus. Margarete Stokowski schrieb dazu in ihrer *SPIEGEL*-Kolumne: »Jede menschenfeindliche Ideologie benutzt Kinder und Jugendliche als Kanonenfutter, und da sind Kapitalismus und Patriarchat keine Ausnahmen. Es ist kein Zufall, dass junge Menschen häufiger links, feministisch und ökologisch denken, es ist ihr Überlebenswille.«[110]

In Zeiten von Polykrisen-Erfahrungen und dem zermürbenden Kampf für eine bessere Zukunft sollten wir junge Menschen besonders unterstützen und ihnen Kraft geben, wo immer es geht.

Virus versus mentale Gesundheit

Die Coronapandemie kann als großer Katalysator für die Erkenntnis weiter Teile unserer Bevölkerung betrachtet werden, welche Belastung Krisen auf die Psyche ausüben. Meryam Schouler-Ocak, Professorin für interkulturelle Psychiatrie und leitende Oberärztin in der psychiatrischen Uniklinik der Charité, sagte dem *SPIEGEL*, »[...] dass sich Symptome der Depression, Angst- und Schlafstörung sowie der posttraumatischen Belastungsstörung in der Pandemie weltweit durchschnittlich mehr als verdoppelt haben«.[111] Doch diese Fakten werden von manchen Menschen kleingeredet.

Die Journalistin Sabine Rennefanz schreibt von einem Kommentar unter einem ihrer Artikel, der lautete: »Ich habe zu DDR-Zeiten drei Kinder großgezogen, rund um die Uhr in der Fabrik gearbeitet und mich in der Partei engagiert. So ein bisschen Coronaferien sind doch lachhaft.«[112] Dass Druck und Stress zu Erschöpfung führen, bis hin zu psychischen Erkrankungen, wird ganz im Sinne eines verinnerlichten Leistungsgedankens ignoriert. Das Ergebnis sind eine Abkehr von der Solidarität und ein Mangel an Verständnis für andere Lebenssituationen.

Wie ungerecht und unfair Entlohnung und Ansehen in unserer Arbeitswelt verteilt sind, ist vielen Menschen erst mit der Definition von »systemrelevanten Berufen« bewusst geworden, die erstmals in der Pandemie erfolgte und große mediale Aufmerksamkeit für die oft prekären Arbeitsbedingungen in diesen Branchen bekam.[113] Erstmals schien es einen Konsens darüber zu geben, dass Berufe, die für unser System besonders relevant sind, nicht nur nicht ausreichend wertgeschätzt, sondern auch nicht angemessen entlohnt werden.

Denn das haben laut einer DIW-Studie die meisten der Berufe gemeinsam: Das Krankenpflegepersonal, Menschen in Erziehungs- und Sozialarbeitsberufen, medizinische Fachangestellte und Praxishilfen, Angestellte im Bürgeramt, sie alle erfahren eine geringe Wertschätzung der Bevölkerung, das Lohnniveau ist unterdurchschnittlich.[114]

Wir erinnern uns daran, wie deutschlandweit Menschen auf den Balkonen standen und Pflegekräfte beklatschten. Doch für diejenigen, die sich wertgeschätzt fühlen sollten, hatte dieser Applaus etwas Verlogenes. So schreibt ein Pfleger:

> *Seit Jahrzehnten hat man unsere Forderungen, die der Pflegenden, ignoriert, weggedrückt, abgetan. Dass die Zustände immer schlechter werden, dass die Arbeitsbedingungen beschissen sind, ist bekannt – und das schon seit unfassbar langer Zeit. Aber wen kümmert es?*[115]

Leider hat er recht. Denn sobald die Pandemie abklang, nahmen auch die Aufmerksamkeit und die Empörung über die Arbeitsbedingungen in der Pflege ab. In der Folge kündigte immer mehr Pflegepersonal, was die Situation vor allem in den Krankenhäusern noch weiter verschärfte. Allein zwischen April und Juli 2021 kündigten 9000 Pflegende ihre Jobs, und das während draußen die nächste Coronawelle wütete, stellt das NRD-Magazin *Panorama* fest. Es fehlen »allein auf Intensivstationen 50000 Pflegekräfte«, heißt es weiter.[116]

Dieses Beispiel zeigt eindrücklich, wie systemrelevant es sein wird, diese dramatische Entwicklung in Branchen zu stoppen, die für uns alle im wahrsten Sinne des Wortes überlebenswichtig sind. Wir brauchen eine radikale Umkehr, die unter anderem Care-Berufe so wertschätzt und bezahlt, wie es dem Systemwert der erbrachten Leistung angemessen wäre. Denn sonst werden wir alle die massiven Auswirkungen einer Care-Krise zu spüren bekommen. Mit anderen Worten: Wenn wir hier den sich ankündigenden Kipppunkt unseres Gesundheitssystems nicht aufhalten und gegensteuern, wird die Gesundheitsversorgung in der nächsten Krise nicht mehr ausreichend gewährleistet sein.

Teil 3

Revolte statt Resignation
Wie wir Veränderung anstoßen können

Veränderung ist möglich

Nichts in der Geschichte des Lebens ist beständiger als der Wandel.

Dieses Zitat wird mal dem englischen Naturforscher Charles Darwin, mal dem griechischen Philosophen Heraklit zugeschrieben – wer immer es gesagt hat, die Weisheit dieser Worte liegt in der Erkenntnis, dass ein »Weiter so« oder »Das haben wir schon immer so gemacht« nicht funktionieren. Menschen, Werte und Gesellschaften ändern sich. Es wird Zeit, politische Visionen an diese Veränderungen anzupassen.

Drei Tage nach dem Terroranschlag auf die Twin Towers in New York zog ich im September 2001 in die Niederlande. Etwa drei Monate nach meinem Umzug gab es dort einen historischen Rechtsruck. Der Politiker Pim Fortuyn startete mit der Partei Leefbaar Nederland (Lebenswerte Niederlande) einen Erfolgskurs für rechte Ideen, der leider kein Einzelfall in Europa war.

Terrorismus, historische Finanzkrisen und eine immer dramatischer werdende Klimakrise haben die letzten zwei Jahrzehnte geprägt. Für mich wurde der Zweite Irakkrieg zu meinem persönlichen Wendepunkt. Während in den Nachrichten über die Bombenangriffe auf Bagdad berichtet wurde und ich mir Sorgen über das unglaubliche Leid der Menschen machte, die sich in ihren Häusern verschanzten, witzelten meine niederländischen Kommiliton*innen über die technischen Daten der Bomben. Ihre emotionale Teilnahmslosigkeit machte mich betroffen und mir wurde klar: Ich kann hier nicht einfach rumsitzen, ich muss etwas tun. Es reicht nicht, in der Tagesschau anderen Leuten beim Demonstrieren zuzugucken. Ich will selbst einen Beitrag leisten. Zurück in Berlin begann ich deshalb, für die Grünen zu arbeiten. Zuerst im Deutschen Bundestag, später im Europaparlament. Gleichzeitig wollte ich ganz konkret an dem Ort etwas bewirken, an dem ich lebte. Ich wollte etwas zurückgeben und Menschen helfen, so wie ich als junger Mensch auf meinem Weg Unterstützung bekommen hatte.

Denn als Kind einer alleinerziehenden Mutter aus prekären Verhältnissen wäre ich unter normalen Umständen wahrscheinlich nie auf einem Gymnasium und später an der Uni gelandet, hätten sich damals nicht andere Menschen für mich eingesetzt. Dieses Engagement hat mir Türen geöffnet. Es hat mir auch das nötige Selbstbewusstsein gegeben, meinen Weg zu gehen und das Leben zu wagen. Jahre später war es mir deshalb ein tiefes Bedürfnis, selbst einen Beitrag zu leisten – etwas zurückzugeben. Für mich war klar, dass ich mich erst einmal direkt vor meiner eigenen Haustür einsetzen muss. Jeder Baum, der nicht gefällt wird, jeder Zebrastreifen und jeder öffentliche Trinkwasserbrunnen haben Auswirkungen darauf, wie wohl und sicher wir uns in unserem direkten Umfeld fühlen. Umgestaltete Schulhöfe oder Spielstraßen schaffen Räume, in denen sich Menschen entfalten können. Als Bezirksverordnete (so etwas wie Gemeinderätin) machte ich die Erfahrung, wie erfüllend es ist, mit engagierten Nachbarn, Initiativen und Bürger*innen kreative Ideen und Lösungen für unseren Bezirk zu entwickeln.

Das Beste daran war, dass das, was wir gemeinsam politisch erarbeitet und errungen hatten, sofort sichtbar wurde.

Mir wurde früh klar, dass Veränderung möglich ist – und dass Politik einen Unterschied machen kann. Darum geht es schließlich, oder? Um das Arbeiten für eine bessere Welt. Um Wege und Möglichkeiten, gute Ideen umzusetzen.

Ich bin Grüne aus Überzeugung. Weil ich mir eine Welt ohne Krieg und Hunger wünsche, in der Kinder eine faire Chance darauf haben, gesund und glücklich aufzuwachsen, und zu Menschen werden können, die solidarisch und respektvoll miteinander umgehen. Eine Welt, die nicht von Umweltkatastrophen oder der Zerstörung durch die Klimakrise bedroht ist. Und in der es eine gemeinsame Anstrengung gibt, Armut abzuschaffen und natürliche Ressourcen zu respektieren. Eine Welt, in der jeder Mensch selbstbestimmt darüber entscheiden kann, wie er leben und lieben möchte.

Bislang ist das leider eine Utopie. Doch Utopien sind wichtig, um politische Visionen und Konzepte zu entwickeln, die dann Schritt für Schritt in Gesetze übertragen werden und eine Veränderung unserer Werte und Normen zur Folge haben. Utopien sind keine Luftschlösser, sondern ideale, bestmögliche Ziele. Und ich bin der Meinung, dass wir alles dafür geben sollten, diesen Zielen so nah wie möglich zu kommen, um mehr gesellschaftliche Zufriedenheit zu erreichen.

Die kollektive Erschöpfung, die ich selbst erlebt habe und überall wahrnehme, die Politik der Selbstausbeutung, die (auch, aber nicht nur in der Politik selbst) für viele Menschen völlig normal geworden ist – all das zeigt, wie weit wir von dieser Utopie noch entfernt sind und wie wir uns in Teilen immer weiter wegbewegen. Deshalb habe ich mich auf den Weg gemacht, eine

Antwort auf die Frage zu finden, was in Deutschland eigentlich so schiefläuft, dass immer mehr Menschen müde sind – so müde, dass Körper und Seele streiken. So müde, dass kaum mehr Kraft für eine Revolte bleibt.

Alles, was sich auf diesem Weg offenbart hat, macht deutlich, dass wir die Machtdynamiken, die wirtschaftliche Ungleichheit und die sozialen Normen in Deutschland verändern müssen, um die Auslöser der kollektiven Erschöpfung abzuschalten. Weil strukturelle Ungerechtigkeiten wie Diskriminierung, Unterdrückung, Machtmissbrauch und Ausbeutung Menschen körperlich und seelisch belasten. Erst wenn wir sie abschaffen, können wir in einer gerechteren und sozialeren Gesellschaft leben, die Fairness, Gleichheit, Nachhaltigkeit, Innovation, Transparenz und Inklusivität mit sich bringt. Dafür muss nicht nur die Politik in Deutschland (und in Europa) umlenken, sondern wir alle müssen unsere persönlichen Glaubenssätze hinterfragen und verändern, um politische Veränderungen anzunehmen und mitzutragen.

Aber was heißt das jetzt? Das heißt, dass es nicht reicht, Pflaster auf einzelne Stellen zu kleben und zu hoffen, dass dann alles wieder gut wird. Wir benötigen mehrdimensionale Antworten, die große Zusammenhänge verstehen und mitdenken. Wir müssen eine Umkehr wagen und unsere Vorstellungen von Arbeit und Gesellschaft neu definieren. Ich will an dieser Stelle gar nicht behaupten, dass ich immer en détail wüsste, wie das geht – als Politikerin muss ich auch nicht Expertin auf jedem Gebiet sein –, aber ich muss erkennen, wo Veränderungen nötig sind, und entsprechende Prozesse starten. Dabei helfen viele kluge Menschen in unserem Land. Es gibt gute Ideen, die in anderen Ländern erfolgreich sind, und wissenschaftliche Erkenntnisse oder kreative Ansätze, die Lösungen bieten können. Und genau darum geht es. Visionen zu entwickeln, sinnvolle Ideen zu erkennen und in der Politik umzusetzen.

Das Hauptproblem sind dabei oftmals nicht die mangelnden Erkenntnisse, sondern die fehlende Anwendung dieser Erkenntnisse. Es gibt zu viel Widerstand gegen nötige Veränderungen und es fehlt der Mut oder die Einsicht, diesen aufzugeben. Aus eigenem Erleben wissen wir, wie schwer es fallen kann, neue Gewohnheiten in den Alltag zu etablieren. Routinen und Strukturen schaffen Sicherheit. Menschen halten so lange wie möglich am Gewohnten fest und finden immer wieder vermeintlich gute Gründe, Veränderungen zu verhindern. Meist ändert sich erst etwas, wenn es wirklich wehtut, wenn erlernte Routinen nicht mehr funktionieren und ein System zu kippen droht.

Das sehen wir im politischen Kontext beispielsweise in China, wo die Umweltverschmutzung so große Ausmaße annimmt, dass sie zu einer ernsthaften Gefahr für die sozialistische Einheitsregierung wird und deshalb umfassende Klimabeschlüsse in Betracht gezogen werden.[1] So beispielsweise das Verkaufsverbot von Autos mit Verbrennungsmotor – die Insel Hainan ist hier bereits Vorreiter.[2]

Den Zwang zum Wandel haben wir aber auch in der Coronapandemie erlebt, in der jahrzehntelange Blockaden im Bereich der Digitalisierung oder der Arbeitsorganisation aufgegeben wurden, als das Homeoffice zum Standard wurde und die Wirtschaft in vielen Bereichen massiv heruntergefahren wurde.

Ich bin davon überzeugt, dass die multiplen Krisen uns dazu *zwingen* werden, in komplexer Form unser Verhalten, unsere Denkmuster und unsere strukturellen Bedingungen schrittweise anzupassen. Es liegt in unserer Hand, ob und wie wir diesen Veränderungsprozess gestalten. Denn klar ist: Die Dinge verändern sich auch von allein. Die Frage ist nur: Wollen wir tatenlos zusehen? Oder wollen wir diese Veränderung aktiv steuern?

Neben den Auswirkungen der aktuellen Arbeitsbedingungen, die uns an unsere Grenzen bringen und junge Menschen abschrecken, sodass wir das Fortbestehen der arbeitsteiligen Organisation im Grundsatz gefährden. Und neben dem Fachkräftemangel und der drängenden Care-Krise, die sich dadurch nur verschärfen, droht auch die fortschreitende Klimakatastrophe für viele Menschen eine erhebliche gesundheitliche und ökonomische Not auszulösen. Hitzewellen können gerade für gesundheitlich besonders empfindliche Bevölkerungsgruppen gefährlich werden und zu Kreislaufzusammenbrüchen führen. Ein Bekannter von mir ist 2021 in einer extremen Hitzewelle in Griechenland, bei der mehr als zwei Wochen lang über 42 Grad am Tag gemessen wurden, gestorben.

Auch bei uns in Deutschland spüren wir die Veränderungen deutlich. Ausbleibender Regen führt bereits zu Dürre und Wasserknappheit, mit Folgen für die Verfügbarkeit von Trinkwasser, für sanitäre Einrichtungen, für die Landwirtschaft und Industrie. Der Klimabeobachtungsdienst Copernicus warnt vor »alarmierenden Veränderungen«, gerade in Europa.[3] Extreme Wetterereignisse wie Überschwemmungen können Häuser, Infrastruktur und Lebensgrundlagen zerstören, wie wir es bereits 2021 bei der Flut im Ahrtal gesehen haben.

Reduzierte Ernten in der Landwirtschaft beschränken die Verfügbarkeit von Nahrungsmitteln und haben höhere Preise zur Folge. Der Klimawandel verschärft hier bereits Ungleichheiten und verursacht eine Zunahme von Armut. Denn besonders Bevölkerungsgruppen mit niedrigem Einkommen sind oft überproportional von den Folgen der globalen Klimakrise betroffen, da sie nur über begrenzte Ressourcen, Infrastruktur und sozialen Schutz verfügen, um mit den vielfältigen Auswirkungen des Klimawandels fertig zu werden.

Je früher wir einsehen, dass Kipppunkte erreicht sind oder sich bald einstellen werden, desto kontrollierter und geplanter können wir agieren. Ich halte es daher nicht nur für sinnvoll, sondern für notwendig, dass wir diese Transformationen jetzt starten. Wir brauchen eine Gesellschaft, die auf ein solidarisches Miteinander setzt und ihre demokratische und freiheitliche Grundordnung verteidigt. Und natürlich müssen wir krisen- und damit zukunftsfest werden – um uns für die nächste Pandemie, Rezession sowie für den Klimawandel zu wappnen.

Wenn wir Ungleichheiten und Ungerechtigkeiten abbauen wollen, müssen wir vor allem aber endlich das Versprechen einlösen, dass nicht nur vor dem Gesetz, sondern auch im realen Leben alle Menschen gleich sind und so leben und lieben können, wie sie es sich wünschen. Chancengerechtigkeit, Teilhabe für alle und eine gerechte Lastenverteilung sollten eine Selbstverständlichkeit sein und nicht nur für diejenigen gelten, die es sich leisten können. Es geht also darum, Wege zu finden, die gleiche Macht und gleiche Chancen für alle herstellen, um die Emanzipation zu vollenden und damit die Grundlage für eine gerechtere und gesündere Welt zu legen.

Wie wir das schaffen können, welche Ansätze es bereits gibt und wo schon erfolgreiche Beispiele etabliert wurden, möchte ich in diesem Kapitel exemplarisch aufzeigen – wenngleich es den Rahmen sprengen würde, hier ein ganzes Regierungsprogramm vorzulegen. Das ist Aufgabe der Bundes- und Landesregierungen. Doch ich greife einige Beispiele heraus, die deutlich machen sollen, in welche Richtung wir uns bewegen müssen, um oben genannte Ziele zu erreichen.

Soziale Gerechtigkeit

Im Grundgesetz steht es bereits: Deutschland soll ein Land sein, in dem überall gleichwertige Lebensbedingungen herrschen und in dem alle Menschen die gleichen Rechte, Chancen und Entwicklungsmöglichkeiten haben. Es ist also keine Utopie, die wir anstreben, keine wahnwitzige, realitätsferne Idee, sondern ein *verfassungsrechtlicher Grundsatz*, der die Basis unseres Zusammenlebens repräsentiert.

Alle Menschen haben das Recht auf gute Bildung, Gesundheit und ein diskriminierungsfreies, würdevolles Leben. Das sollte das Mindeste sein – doch leider sind wir sogar davon noch weit entfernt. Um das Gesetz in der Realität umzusetzen, müssen mehr Zugänge und Teilhabe für alle Menschen ermöglicht und Diskriminierungen abgebaut werden. Dafür brauchen wir eine Umverteilung von finanziellen Ressourcen und eine gerechtere Lastenverteilung. Armut gehört bedingungslos abgeschafft. Denn eine Gesellschaft, in der Menschen in Armut leben, kann nicht gerecht sein.

Die Verteilung von Vermögen in Deutschland ist eine schreiende Ungerechtigkeit. 2020 hat das Deutsche Institut für Wirtschaftsforschung (DIW) die Vermögensverhältnisse untersucht und ist zu erschreckenden Ergebnissen gekommen: Ein Prozent der Erwachsenen besitzen rund 35 Prozent des Gesamtvermögens. Und: Die eine Hälfte der Bevölkerung besitzt fast alles (98,6 Prozent), die andere Hälfte fast nichts (1,4 Prozent). Die viel zitierte »Schere zwischen Arm und Reich« ist in diesen Zahlen nur allzu sichtbar.[4]

Und da wir in einer Kultur leben, in der sich alles um Geld dreht, ist es essenziell, dass eine Umverteilung stattfindet, wenn wir Armut abschaffen wollen. Denn arm sind an erster Stelle Menschen, die nicht ausreichend Geld im Portemonnaie oder auf dem Konto haben. Das betrifft erschreckend viele Menschen in Deutschland. In einem der reichsten Länder der Welt sollte es doch kein Problem sein, das zu ändern. Oder? Eine wirkungsvolle Maßnahme wäre beispielsweise die Wiedereinführung einer Vermögenssteuer. Die hatten wir schon mal, allerdings wurde sie unter der schwarz-gelben Regierung 1997 abgeschafft. Joachim Wieland, Professor für Öffentliches Recht an der Deutschen Universität für Verwaltungswissenschaften in Speyer, hält die Vermögenssteuer für »ein Gebot der Gerechtigkeit«.[5] Er argumentiert: »Der Verzicht auf eine Erhebung der Vermögenssteuer hat mit zu einer Schieflage in der steuerlichen Belastung der Deutschen geführt. [...] Während der Spitzensteuersatz [...] gesenkt worden ist, ist der Umsatzsteuersatz von zehn Prozent im Jahre 1968 auf jetzt 19 Prozent fast verdoppelt worden.«[6]

Das bedeutet, dass diejenigen, die sowieso schon wenig haben, noch mehr Belastung erfahren, weil im Vergleich zu Besserverdienenden der größte Teil ihres Einkommens für alltägliche Konsumgüter verwendet wird. Dadurch zahlen die ärmeren Menschen relativ gesehen, also im Verhältnis zu ihren Einnahmen, mehr Steuern.

Wenn wir die Vermögenssteuer wieder einführen, können wir die Einkommensverteilung wieder gerechter gestalten. Die Grünen fordern eine Vermögenssteuer von einem Prozent pro Jahr ab einem Vermögen von mehr als zwei Millionen Euro pro Person.[7] Die Einnahmen können dann dazu verwendet werden, die soziale Infrastruktur auszubauen und die öffentlichen Dienstleistungen zu verbessern, um sozial und finanziell benachteiligte Menschen stärker zu unterstützen.

Die Erhöhung der Erbschaftssteuer ist eine weitere Maßnahme, die zur Umverteilung beitragen würde. Denn hohe Vermögen werden in erster Linie nicht erarbeitet, sondern vererbt.[8] Hier zeigt sich wieder einmal, wie wenig es um die tatsächliche Leistung einzelner Person geht – vielmehr sind es die Einkommensverhältnisse der Eltern, die über die eigene finanzielle Zukunft entscheiden. Denken wir an die Verteilung des Vermögens in Deutschland: Die eine Hälfte hat fast nichts, die andere fast alles. Erbschaften setzen dieses Ungleichgewicht fort. Nur in Ausnahmefällen rutschen Menschen von der »reichen« in die »arme« Hälfte der Bevölkerung, oder andersrum.

Obwohl die Erbschaftssteuer zu mehr Durchlässigkeit und Fairness führt und der Vermögenskonzentration entgegenwirken könnte, ist sie besonders unbeliebt und »scheint politisch ein heißes Eisen zu sein, das niemand anfassen möchte«.[9] Tatsächlich spielen hier emotionale und materielle Interessen und Werte eine Rolle. Viele Menschen sind gegen eine hohe Erbschaftssteuer – obwohl eigentlich die meisten Menschen aufgrund hoher Freibeträge gar keine Erbschaftssteuer zahlen müss(t)en. Und das soll auch so bleiben: Kleine Erbschaften sollen den Menschen keineswegs abgesprochen werden. Das Hauptaugenmerk liegt auf großen Vermögen.

Jens Beckert, Professor für Soziologie und Direktor des Max-Planck-Instituts für Gesellschaftsforschung in Köln, versteht, dass viele Politiker*innen andere Wege suchen: »Es ist politisch opportuner, Steuermehreinnahmen nicht bei der Erbschaftssteuer zu suchen.«[10]
Dennoch resümiert er trotz aller Widerstände:

Der Verzicht auf eine effektive Erbschaftssteuer trägt zur Perpetuierung von Vermögensungleichheit über die Gene-

rationen bei und unterminiert damit zentrale Versprechen
der Moderne: die Idee der Chancengleichheit und das Leis-
tungsprinzip.[11]

Die Erhöhung der Erbschaftssteuer mag radikal klingen. Sie
wäre aber gerecht. Chancengleichheit gibt es nicht, solange
manche Menschen mit Millionen auf dem Konto ins Leben starten und andere sich ohne jeglichen finanziellen Rückhalt durch-
kämpfen müssen. Eine Umverteilung ist unumgänglich, wenn
wir in einer gerechten Gesellschaft leben möchten.

Armut bekämpfen

Armut ist inakzeptabel und unnötig. Und sie schadet uns allen:
zum einen den Betroffenen selbst, die schlechtere Zukunftsaus-
sichten haben, zum anderen der Gesellschaft, die auf die Fähigkeiten und Talente aller Menschen gleichermaßen angewiesen
ist und diese dadurch verliert, dass Menschen durch Armut bedingt durchs Raster fallen.

Zur Bekämpfung von Armut gibt es leider keine einfache Lösung. Helfen wird nur ein ganzheitlicher Ansatz, der die Menschen in den Mittelpunkt stellt. Dass dies in unserem sogenannten Wohlfahrtsstaat nicht passiert, finde ich unerträglich. Dass
in Deutschland so viele Menschen in Armut leben müssen und
dies allgemein so hingenommen wird, ist ein Skandal (nicht nur
in Deutschland). Weil die Auswirkungen von Armut nicht nur
das Einkommen betreffen, sondern allumfassend sind, halte ich
ihre Bekämpfung für eines der wichtigsten Handlungsfelder für
Politik allgemein. Nehmen wir zum Beispiel das Thema Gesundheit. Wenn wir von Gesundheit reden, meinen wir mehr Sport,

bessere Ernährung, weniger Alkohol und Nikotin. Doch wir ignorieren dabei die absolute Basis – nämlich sozioökonomische Grundvoraussetzungen, wie es in der *Süddeutschen* heißt:

>»*Armut ist das Gesundheitsrisiko schlechthin. Armut macht krank. Armut führt dazu, dass Menschen früher sterben und häufiger leiden müssen, sich schlechter von einer Erkrankung erholen und dass weniger Babys die ersten Tage nach der Geburt überleben.*«[12]

On point. Wir dürfen nicht wegschauen, wenn es heißt, dass die Armutsquote in Deutschland steigt. Deshalb sollten wir für eine solidarische, soziale Sicherung die Gesundheits-, Pflege- und Rentenversicherung zu Bürgerversicherungen weiterentwickeln. Alle Bürgerinnen und Bürger – und damit alle Einkunftsarten – sollten in die sozialen Sicherungssysteme einbezogen und damit gut abgesichert werden. Das wäre ein erster Schritt, um die reale Armut zu senken.

Wenn wir Armut bekämpfen und abschaffen, ebnen wir den Weg für mehr Solidarität, mehr Motivation, mehr Innovation, mehr Gemeinschaft. Wir helfen also nicht nur denjenigen, die von Armut betroffen sind, sondern wir helfen uns allen.

Natürlich sind für den Abbau von Armut als Grundvoraussetzung vor allem fair entlohnte und ausreichend verfügbare Arbeitsplätze wichtig. In der Vorstufe gehört dazu aber auch ein funktionierendes Sozialsystem.

Grundsätzlich geht es ja um eine einfache Rechnung: Menschen, die in Armut leben, haben zu wenig Geld. Entweder, weil sie zu wenig davon einnehmen (also der Lohn nicht ausreicht oder staatliche Leistungen zu niedrig sind), oder sie haben zu hohe Ausgaben (zum Beispiel für die Miete, Heizkosten, Lebensmittel und so weiter). Oft trifft beides gleichzeitig zu. Und genau hier müssen wir ansetzen:

1. Verdienst erhöhen. Die allermeisten Menschen leben von Erwerbsarbeit und/oder von staatlichen Hilfen. Doch für viele reicht weder das eine noch das andere, um sich vor existenziellen Nöten zu schützen. Deshalb können wir hier mit verschiedenen Maßnahmen politisch eingreifen. Faire Löhne garantieren, dass Menschen von ihrer geleisteten Arbeit leben können. Beispielsweise hat sich die sogenannte Mindestlohnkommission erst Mitte 2023 für eine Erhöhung der Lohnuntergrenze auf 12,41 Euro ab 2024 ausgesprochen.[13] Der Sozialverband geht jedoch – zu Recht – noch einen Schritt weiter und fordert einen Mindestlohn von 14,13 Euro.[14] Auch die Stärkung der Tarifbindung kann eine wichtige Stellschraube sein. Indem sich alle Branchen verpflichtend einem Tarifvertrag anschließen oder die gezahlten Löhne an solchen orientieren, wird Lohndumping verhindert.

Staatliche Hilfen müssen zudem erhöht und angepasst werden. Mit dem aktuellen Bürgergeld beispielsweise (ehemals »Hartz IV«), 502 Euro im Monat, ist es nicht möglich, in Würde zu leben. Hier müssen wir die Sätze an die Inflation, Lebenshaltungskosten und Preissteigerungen anpassen. Laut Ulrich Schneider vom Paritätischen Wohlfahrtsverband sind monatlich *mindestens* 700 Euro nötig, um Armut zu bekämpfen.[15]

2. Kosten reduzieren. Wohn- und Energiekosten sind für die meisten Menschen, gerade in Zeiten von Inflation und Energiekrise, eine enorme Belastung. Hier müssen wir politisch eingreifen. Die exorbitanten Preis- und Mietsteigerungen können wir nicht einfach hinnehmen. Wohnungen in Großstädten sind selbst für Menschen aus der Mittelschicht kaum mehr bezahlbar, geschweige denn für all jene, die wenig verdienen oder staatliche Hilfen beziehen.[16] Es braucht daher eine grundlegende Reform des deutschen Mietrechts, die sicherstellt, dass Mieter*innen nicht verdrängt werden und sich die Wohnkosten auf 25 Prozent des Haushaltseinkommens beschränken. Mit Maßnahmen wie der Wohngemeinnützigkeit, der Erhöhung der Mittel für den sozialen Wohnungsbau und der Schaffung von mehr verfügbarem, bezahlbarem Wohnraum können wir dem entgegenwirken. Und: Wohnraum muss klimafest gemacht werden, weil sonst die »2. Miete« (Energie- und Nebenkosten) das Einkommen hintenrum auffrisst.

Sowohl beim Bürgergeld als auch bei den Kosten des Lebens ringt die Ampel-Regierung zwar aktuell um Verbesserungen, allerdings sind diese aus Sicht der Armutsbekämpfung bei Weitem nicht ausreichend.

Im Zusammenhang mit der Abschaffung von Armut wird auch immer wieder das bedingungslose Grundeinkommen diskutiert. Nach diesem Konzept erhalten alle Bürger*innen eine finanzielle Unterstützung, ohne dass dafür eine Gegenleistung erbracht werden muss. Befürworter*innen des bedingungslosen Grundeinkommens argumentieren, dass es die soziale Ungleichheit verringern und die Armut bekämpfen kann. Es gibt zahlreiche Vorschläge, wie diese Idee ausgestaltet werden könnte.[17] Die Bundestagsabgeordneten Beate Müller-Gemmeke spricht sich beispielsweise für ein Modell auf Basis negativer Einkommenssteuer aus: Wer mit seiner Einkommenssteuer über einer bestimmten Grenze liegt, bekommt kein Grundeinkommen ausgezahlt. Wer unterhalb dieser Grenze liegt oder kein zu versteuerndes Einkommen hat, erhält einen staatlichen Transfer in Form einer negativen Einkommenssteuer – formal also eine Steuererstattung.[18]

Ich glaube, dass es kaum ein wirkungsvolleres Instrument gibt, dauerhaft die Armut zu besiegen, als Menschen ein Grundeinkommen zu garantieren. Deshalb sollte es nicht um das *Ob*, sondern vor allem um das *Wie* gehen. Die oft formulierte Angst, dass »dann ja niemand mehr arbeiten würde«, wird von Expert*innen widerlegt. Es gehe Befürwortenden nicht darum, weniger arbeiten zu müssen oder ein höheres Einkommen zu haben, sondern vielmehr um eine erhöhte Stabilität, um andere Herausforderungen meistern zu können.[19] Die Gegenwehr gegen dieses oder vergleichbare Instrumente ist ein implizites Akzeptieren von Ungleichheit und Armut. Wer diese abschaffen möchte, sollte über das Grundeinkommen als einen wichtigen Hebel für mehr Chancengerechtigkeit ernsthaft nachdenken.

Ein Thema, das mir besonders am Herzen liegt, ist die Abschaffung von Kinderarmut. Ich weiß, wie es sich anfühlt, so wenig zu haben, dass es nicht einmal fürs Essen reicht, und wünsche das wahrlich Niemandem. Leider machen genau diese Erfahrung aber rund 2,7 Millionen Kinder und Jugendliche in Deutschland. Sie alle leben in Armut.

Manche von ihnen müssen den Schulalltag mit leerem Magen überstehen und im Winter frieren, weil die Winterstiefel, der dicke Wollpullover und das Gas zu teuer sind. Niemals Urlaub, Schwierigkeiten, an Klassenfahrten oder Schulausflügen teilzunehmen, kein Geld für Hobbys oder Förderung – die Auswirkungen von Armut sind vielfältig.

Keine andere gesellschaftliche Altersgruppe ist so stark von Armut betroffen wie Kinder und Jugendliche. Und hier richten wir den größten Schaden an, wenn wir nichts dagegen tun. Denn arme Kinder und Jugendliche werden von Beginn an daran gehindert, wirklich am Leben teilzuhaben.

Besonders betroffen sind Kinder von Alleinerziehenden oder in migrantisierten Familien. Wir haben hier ein strukturelles Problem, dem Politik und Gesellschaft vehement entgegentreten müssen. Der wichtigste Schritt ist in meinen Augen dabei die Einführung der Kindergrundsicherung. Mit ihr können wir wirklich etwas verändern. Die Kindergrundsicherung bündelt Leistungen an Familien und weitet den Kreis der Bezieher*innen aus, um mehr Kinder aus der Armut zu holen. Dabei wird ein einkommensunabhängiger Garantiebetrag für alle Kinder mit einem bedarfsgerechten Zusatzbetrag kombiniert.

Die Kindergrundsicherung soll dazu beitragen, dass jedes Kind die gleichen Chancen auf eine gute Zukunft hat, und Kinderarmut effektiv bekämpfen. Bundesfamilienministerin Lisa Paus sagte im Interview mit dem *Handelsblatt* dazu:

Wir brauchen [...] strukturelle Entlastungen für Familien. Jedes fünfte Kind in Deutschland lebt in Armut. Wir haben Familien, die extrem gebeutelt sind durch die Coronakrise, durch die Folgen des Ukrainekriegs, durch die Inflation. Deshalb ist es mehr denn je Zeit für eine Kindergrundsicherung. [...] [Sie] soll das Leben aller Kinder spürbar verbessern.[20]

Dass sie so hart für die Einführung der Kindergrundsicherung kämpfen muss, spricht Bände über den Stellenwert von Kindern in unserer Gesellschaft.

Damit ist es noch nicht getan. Wir sollten generell mehr darauf schauen, was Kinder wirklich brauchen, um besser leben zu können. Dabei hilft der sogenannte Deprivationsindex, also der »Benachteiligungsindex«. Hier zeigt sich, dass es Kindern am häufigsten an regelmäßigen Freizeitaktivitäten mangelt (6,7 Prozent) und dass nahezu eines von 20 Kindern täglich auf eine warme Mahlzeit verzichten muss (4,9 Prozent). Mit leerem Magen ist es nicht möglich, Freude zu empfinden, zu lernen, einfach Kind zu sein. 4,4 Prozent der Mädchen und Jungen haben keinen Platz, an dem sie ihre Hausaufgaben machen können. Es ist unfassbar. In reichen Industrieländern wie Deutschland darf es meiner Meinung nach einfach nicht passieren, dass Kindern so notwendige Dinge fehlen.

Was alles fehlt und wo genau, muss künftig sichtbarer werden. So sollten wir sicherstellen, dass Daten zur Lage der Kinder und insbesondere zur Kinderarmut künftig regelmäßig und in kurzen Abständen – mindestens einmal pro Jahr – erhoben werden. Dabei gilt es vor allem in großen Ländern wie Deutschland, auch regionale Unterschiede zu berücksichtigen, ebenso wie die Dauer von Notlagen und die Tiefe der Armut.[21]

Die Aufmerksamkeit für das Thema muss durch eine solide und immer wieder aktualisierte Datenlage erhöht werden, die gleichzeitig die Wirkung bereits eingeleiteter Maßnahmen evaluiert. Auch sollten viel mehr Betroffene selbst zu Wort kommen.

Wichtig sind zudem kostenlose Angebote für Kinder und Jugendliche, damit kein Kind aufgrund von Geldsorgen vom öffentlichen Leben ausgeschlossen wird. Wir haben in Berlin beispielsweise dafür gesorgt, dass die Kita und der Hort in der ersten und zweiten Klasse sowie alle Lehrmittel in der Grundschule und das Schulmittagessen kostenlos gemacht wurden. Dazu habe ich mich persönlich für die Einführung eines kostenlosen Schüler*innentickets eingesetzt. Dieses ermöglicht es jedem Kind, kostenlos alle Verkehrsmittel in Berlin zu nutzen. Sie können also Sportangebote aufsuchen, in den Wald fahren oder Kulturangebote besuchen – alles Fahrten, für die sich Kinder aus einkommensschwachen Familien vorher den Fahrschein nicht leisten konnten. Der Effekt ist riesig.

Manchmal gibt es den Vorwurf, dass so auch reiche Eltern entlastet werden, die sonst einen solidarischen Beitrag zugunsten eines besseren Bildungsangebots leisten könnten. Doch in erster Linie sorgen die Maßnahmen dafür, dass alle Kinder zur Schule und in die Kita kommen, ein warmes Essen im Bauch und ihre Schulbücher im Ranzen haben – ohne dabei ihre Armut offenlegen zu müssen. So ist das »Gießkannen-Prinzip« der Entlastungen zwar nicht optimal, aber immer noch besser, als die Benachteiligung durch diskriminierende Verfahren hinzunehmen. Berlin ist in dieser Hinsicht eine Ausnahme. Kein anderes Bundesland leistet so viel und dennoch bleibt die Armut in Teilen der Hauptstadt hoch. Deswegen hat der Berliner Senat 2021 eine Strategie gegen Kinder- und Familienarmut beschlossen. An den umfangreichen Leitlinien im Kampf gegen Armut sollte sich auch der Rest von Deutschland ein Beispiel nehmen, denn solange Armut und Ungleichheit existieren, dürfen wir nicht nachlassen, diese abzubauen. Wir schneiden uns ins eigene Fleisch, wenn wir die Menschen abhängen, die unsere Zukunft sind.

Gerechte Bildung

Bildung ist der mit Abstand wichtigste Schlüsselfaktor für einen Lebensweg voller Entfaltungsmöglichkeiten. Neben den schulischen und vorschulischen Einrichtungen schließt sie auch außerschulische Angebote wie Musik, Kultur und Sport mit ein, da diese ebenfalls Einfluss auf eine ganzheitliche Bildung, Entwicklung und Teilhabechancen im späteren Leben haben. Um also von Beginn an diese so wichtigen Zugänge für alle zu schaffen, müssen wir bei den Kindern ansetzen. Ein Bildungssystem, das inklusiver und integrativer aufgestellt sein sollte, ist die Basis dafür.

Es sollte für alle Kinder gleichermaßen möglich sein, eine Kita zu besuchen, in der sie nicht nur betreut, sondern auch gefördert werden. Völlig unabhängig davon, wer die Eltern sind. Allen Kindern stehen gleichermaßen die Sprachförderung, das Trainieren von grobmotorischen, feinmotorischen und sozialen Fähigkeiten sowie körperliche Bewegung und künstlerische Früherziehung zu. Doch all diese schönen Ideale bleiben Utopien, wenn nicht genug Personal da ist; da müssen wir ran. Das eine geht nicht ohne das andere.

Auch in der Schule sollte diese essenzielle Förderung für alle fortgesetzt werden. Beinahe jedes Kind freut sich auf die eigene Einschulung – doch häufig verlieren die ersten bereits nach wenigen Monaten die Motivation. Und spätestens mit dem Wechsel auf die weiterführende Schule ist die überwiegende Meinung: »Schule nervt.«[22]

Unser Schulsystem schafft es leider, den Kindern ihre angeborene Neugier und Wissbegierde zu vermiesen, was meines Erachtens an dem vorherrschenden Denken liegt, dass sich Kinder möglichst schnell anpassen, funktionieren und leisten sollen. Wir müssen stattdessen Angebote machen, die Spaß bereiten. Und Spaß machen Dinge, die begeistern, bei denen Talente entdeckt und gefördert werden oder bei denen man einfach neugierig sein darf. Kinder sollten nicht »funktionieren«, sondern experimentieren, ausprobieren und auch mal toben dürfen. Kurz: Kinder brauchen Raum zur Entfaltung.

Es gibt bereits Dritt- und Viertklässler*innen, die unter Erschöpfungszuständen leiden. Ich halte diese Zustände für höchst dramatisch und glaube, dass der Leistungsdruck im Schulsystem die Hauptursache dafür ist. Diesen radikal zu senken, ist die Grundvoraussetzung dafür, dass nicht die nächste erschöpfte Generation heranwächst.

Wichtig ist auch, dass es keine Aufteilung in »gute« und »schlechte« Schüler*innen geben darf. Anstatt permanent zu bewerten, indem einzelne Zahlen auf dem Zeugnis über das Schicksal der Kinder und Jugendlichen entscheiden, müssen wir alternative Methoden finden, die gerechter und motivierender sind. In der Grundschule geht es der Meinung von Expert*innen nach auch ohne Noten. Ansonsten sind gemeinsame Lernentwicklungsgespräche, Abschlusszeugnisse, die durch differenzierte Berichte ergänzt werden, oder Rasterzeugnisse, in denen für jedes Fach die einzelnen Fähigkeiten aufgelistet werden, nur einige von vielen Möglichkeiten für mehr Gerechtigkeit im Schulsystem.[23]

Genauso wichtig ist der Umgang mit Schüler*innen im Alltag. Ich wünsche mir Lehrkräfte, die auf die Kinder und Jugendlichen eingehen, die individuelle Probleme verstehen, bei Lösungen unterstützen und die Talente und Leidenschaften der Schüler*innen fördern. Ich weiß, das klingt so einfach, aber ist im Alltag in viel zu großen Klassen und bei noch größerer Personalnot oftmals kaum möglich.

Dennoch glaube ich, dass nicht allein der Mangel an gut ausgebildeten Lehrkräften schuld am Motivationsverlust der Kinder ist, sondern auch die Beziehungsarbeit viel zu oft vernachlässigt wird. Dies beschreibt unter anderem die Lehrerin und Autorin Sabine Czerny. Sie erklärt in einer Kolumne für *Das Deutsche Schulportal*, dass die natürliche Motivation und Wissbegierde von Kindern schnell verloren ginge, wenn ihnen ein

Gegenüber fehle, das diese Begeisterung teilt und Interesse zeigt. Kinder seien dann schnell lustlos und werden als »Problemkinder« abgewertet.[24] Dabei könne eine gute Beziehungsarbeit dazu führen, die Neugier und Motivation der Kinder wieder zu wecken – und das nicht nur in der Schule.

Diese individuelle Aufmerksamkeit kann allerdings keine Lehrkraft leisten, die 27 Kinder und mehr betreut, von denen 15 überdurchschnittlich viel Zuwendung benötigen. Deshalb kommen wir zum nächsten Punkt, der bei all diesen Überlegungen durchschimmert: Wir brauchen endlich ausreichend gut ausgestattetes und ausgebildetes Personal. Um das zu erreichen, müssen wir vor allem die Kapazitäten für die Ausbildung von Lehrkräften massiv hochfahren. Aber auch die Anerkennung ausländischer Abschlüsse ist wichtig. Wenn wir uns überlegen, dass es diverse Programme für Quereinsteiger*innen ins Bildungssystem gibt, aber voll ausgebildete Lehrkräfte nicht arbeiten dürfen, weil ihr Abschluss nicht exakt dem deutschen Staatsexamen entspricht, ist das ein Unding.

Auch die Bildung von multiprofessionellen Teams, mit Kompetenzen aus Sozialarbeit, Psychologie und Pädagogik, ist wichtig. Denn nicht nur Lehrkräfte sind für ein gutes Schulklima relevant. Es braucht zudem diversere Kollegien, die dann im Alltag durch regelmäßiges Coaching und Supervision unterstützt werden.

Manchmal hat man den Eindruck, Schulen seien Verwahrungsanstalten. Das muss sich ändern. Tropfende Decken, verwahrloste Schultoiletten voller Keime und ohne Toilettenpapier – solche Zustände, die leider an manchen Schulen Normalität sind, dürfen nicht existieren. Idealerweise sind Schulräume so gestaltet, dass gesundes und vielfältiges Lernen möglich ist.

Durch unser Schulsystem manifestieren wir bereits extrem früh eine Klassengesellschaft: Die »Besseren« gehen auf das Gymnasium, der Rest »hat es nicht geschafft«. Damit vermitteln wir Kindern ein Weltbild, in dem bestimmte Menschen mehr wert sind als andere und in dem sich dieser Wert nach Leistung bemisst.

Die Alternative: eine gemeinsame Beschulung bis zum Schulabschluss. Der Komiker Felix Lobrecht, der selbst als »Aufsteiger« gilt, forderte in seinem Podcast *Gemischtes Hack*: »Gymnasien abschaffen!« Er argumentiert, dass es keinen Grund dafür gäbe, überhaupt Gymnasien zu unterhalten, außer einer »Abgrenzung nach unten.«[25] Dieses Aussortieren befördere seiner Meinung nach lediglich klassistische Diskriminierung und starre, undurchlässige Abgrenzungen zwischen den sozialen Schichten. Stattdessen fordert er ein Gesamtschulmodell.

Er erntete mit dieser Aussage, in der so viel Wahrheit steckt, einen Shitstorm. Denn viele Menschen haben Angst, durch das Teilen ihre eigenen Chancen zu minimieren und Privilegien zu verspielen. Doch diese Angst ist unbegründet. Tatsächlich hat ein Pilotprojekt gezeigt, dass das gemeinsame Lernen gute Erfolge erzielt.[26] Schon seit vielen Jahren wird immer wieder über die Vor- und Nachteile des langen gemeinsamen Lernens diskutiert, wie beispielsweise ein Bericht des Bundestages aus dem Jahr 2006 zeigt.[27]

Und auch das Dr. Otto Seydel Institut für Schulentwicklung spricht sich schon seit Jahren für ein langes gemeinsames Lernen aus.[28]

Der Dortmunder Bildungsforscher Wilfried Bos hält die Idee trotz der vielen guten Argumente für kaum umsetzbar. Allerdings nicht, weil er die Argumente anzweifelt: »Das scheitert am Widerstand gutbürgerlicher Eltern, die um Startvorteile für ihre Kinder fürchten«[29], sagte er 2017 dem *SPIEGEL*.

Dennoch bin ich davon überzeugt, dass wir hier einen großen Reformationsbedarf haben und uns allen Widerständen entgegenstellen müssen. Wenn wir wirklich mehr Bildungsgerechtigkeit wollen, müssen wir die Selektion von Kindern beenden. Schule legt den Grundstein für das zukünftige gesellschaftliche Zusammenleben – Gleichheit und Miteinander beginnen bei gemeinsamem Lernen und Aufwachsen, wie es Gemeinschaftsschulen ermöglichen. Förderung von jungen Talenten darf keine Frage des Portemonnaies oder des Bildungsgrads der Eltern sein, da Schule auch künftige Machtstrukturen beeinflusst. Gerade für weniger privilegierte Kinder ist gemeinsames Aufwachsen eine echte Chance auf Weiterentwicklung.

Das sollte auch für Wissen und Sozialkompetenzen gelten, die wir klassischerweise außerhalb der Schule ansiedeln: Sport, Musik, Theater und Kunst am Nachmittag oder ein gesundes Mittagessen. Sie ermöglichen von Beginn an Bildung und Kapital, welches weit über die klassische Schulbildung hinausgeht. Eine neue Form von Schule muss Angebote in diesen Bereichen genauso selbstverständlich zur Verfügung stellen wie auch Kompetenzen in Mathematik, Sprachen und Naturwissenschaften. Nur so können wir über den Pausenhof hinaus mehr Gerechtigkeit und Inklusion fördern und verhindern, dass einzelne Kinder von Aktivitäten ausgeschlossen werden.

Wir brauchen Bildungseinrichtungen, die sich nicht nur auf Leistung fokussieren sollten. Es muss vielmehr um das umfassende Erlangen von, aber auch um die Förderung emotionaler und sozialer Kompetenzen sowie die Fähigkeit zur (Selbst-)Motivation gehen.

Alle politischen Parteien fordern bessere Bildung als Zukunftsinvestition. Es stellt sich doch die Frage, warum trotzdem so wenig passiert und die Missstände nach wie vor so groß sind.

Dies liegt zum einen an der Angst vor einem Kulturwandel, der zu mehr Gleichheit, aber auch zum Abbau von Privilegien für das eigene Klientel führen würde und daher vor allem von konservativen Kräften verhindert wird. Zum anderen liegt es an einem systemischen Problem: Bildung ist Ländersache. Zudem ist Bildung teuer. Und Personal sowie Gebäude(-sanierungen) müssen langfristig geplant werden. Die Erfahrung zeigt, dass man mit Bildungspolitik auch keine Wahlen gewinnen, aber sehr wohl verlieren kann. Das dämpft natürlich wiederum den Willen zur Umsetzung nötiger Reformen, die eigene Forderungen nach besserer Bildung voranbringen könnten.

Es braucht daher eine grundsätzliche Reform auf Initiative des Bundes, um gemeinsam das über 100 Jahre gewachsene Bildungssystem ähnlich wie in Skandinavien auf Niveau zu bringen, damit es technisch, digital und vor allem sozial den Ansprüchen des 21. Jahrhunderts entspricht. Diese Entwicklung muss zudem von einer großen Investitionssumme begleitet werden, die diesen grundlegenden Umbau ermöglicht – denn am Geld kann es nicht liegen. Wenn 100 Milliarden Euro für den Rüstungsfonds innerhalb weniger Wochen beschlossen werden können, dann können und müssen wir das auch für unsere Kinder.

Es wäre zu kurz gegriffen, wenn wir davon ausgehen, dass die Bildungsgerechtigkeit im Schulsystem allein liegt. Die Statistiken zu Studierenden aus nichtakademischen Haushalten zeigen das überaus eindrücklich. Von 100 Grundschulkindern nehmen aus Akademiker*innenfamilien 74 ein Studium auf. Haben die Eltern jedoch keinen Studienhintergrund, sind es nur 21.[30] Diese Zahlen sind nicht auf Leistungsunterschiede allein zurückzuführen, sondern vor allem auf die eingeschränkten Möglichkeiten und die Chancengleichheit unseres Systems. Wollen wir, dass sich alle Jugendlichen nach der Schule frei für ein bestimmtes Studium entscheiden können, müssen wir faire Chancen im Bereich von Finanzierung, Information, Diversität und Zugängen bieten. Ansätze können eine Studienstarthilfe sein, wie sie Schleswig-Holstein 2021 eingeführt hat. Studienanfänger*innen aus finanzschwachen Familien können einmalig bis zu 800 Euro beantragen, um Semesterbeitrag und erste Anschaffungen zum Start des Studiums zu finanzieren.[31] Ein guter Anfang – doch sind wir mal ehrlich: Ein Blick auf die Kosten von Lernmitteln oder technischen Geräten genügt, um festzustellen, dass das nicht reicht, um davon dann auch noch die Kaution für das WG-Zimmer und die Miete zu bezahlen. Hinzu kommen die steigenden Kosten des Alltags.

Damit nicht nur Kinder von Gutverdiener*innen studieren und sich gegebenenfalls auch innerhalb des Studiums noch einmal umorientieren können (Stichwort: freie Entfaltung der Persönlichkeit), sollten wir für eine ausreichende finanzielle Unterstützung sorgen – da reichen keine 800 Euro Einmalzahlung.

Egal ob über eine angemessene Erhöhung der BAföG-Sätze oder die verpflichtende Vergütung von (Pflicht-)Praktika, es braucht mehr Unterstützung für Studierende. Gleiches gilt auch für den Ausbau von Teilzeit- und berufsbegleitenden Studiengängen, die beispielsweise für Studierende mit Kindern eine große Unterstützung bedeuten können. Damit sich niemand Sorgen um die nächste Monatsmiete machen muss und stattdessen lernen und leben kann.

Für viele junge Menschen ist es nach der Schule attraktiver, eine Ausbildung zu machen, um so schnell wie möglich Geld zu verdienen. Nachvollziehbar, gerade wenn das bisherige Leben immer wieder von Geldsorgen geprägt war. Gleichzeitig gibt es Schüler*innen, die eine Ausbildung ausschlagen, weil sie sich von einem Studium langfristig ein höheres Einkommen und mehr gesellschaftliches Ansehen erhoffen. (Dieser Annahme widerspreche ich ganz entschieden!)

So oder so ist es schade, wenn sich junge Menschen nur aus finanziellen Gründen und nicht aufgrund ihrer Interessen und Talente für oder gegen ein Studium entscheiden. Um den Fachkräftemangel effektiv zu bekämpfen, sollten wir alle Berufswege für alle jungen Menschen attraktiv gestalten. Denn nur so können sie sich frei von gesellschaftlichem oder finanziellem Druck für eine Ausbildung oder ein Studium entscheiden – auf diese Weise gewinnt die intrinsische Motivation wieder an Wert und wir können unser System in alle Richtungen hin durchlässiger und fairer gestalten.

Sprechen wir über Antidiskriminierung

Diskriminierung trifft zwar nicht jede*n von uns gleichermaßen, aber sie geht uns alle etwas an. Unsere Demokratie muss unser Antrieb sein, jeden Tag aufs Neue für Entfaltungsmöglichkeiten, Würde und gleiche Rechte aller zu kämpfen, damit niemand aufgrund fehlender Privilegien ausgeschlossen oder ungerecht behandelt wird.

Egal, ob es um die LGBTQI+-Community geht, die immer wieder heftigsten Anfeindungen ausgesetzt ist, ob es Frauen sind, die tagtäglich Sexismus erleben, ob es Menschen mit Behinderung sind, deren Wege mit baulichen und bürokratischen Barrieren gepflastert sind, ob es Kinder sind, die nicht teilhaben können – es sind weit mehr Menschen von unterschiedlichsten Formen der Diskriminierung betroffen als diejenigen, die weitestgehend diskriminierungsfrei durchs Leben kommen.

Und das, obwohl es eigentlich eine der Kernaufgaben unseres demokratischen Rechtsstaats ist, Menschen vor Diskriminierung zu schützen. Denn Diskriminierungserfahrungen sind Gewalterfahrungen. Die Betroffenen können diese Erlebnisse nicht einfach abtun oder weglächeln, weil diese permanent ihr Leben, ihr Selbstbild und ihre Chancen in vielerlei Hinsicht negativ beeinflussen, wie auch eine Studie des Berliner Instituts für empirische Integrations- und Migrationsforschung belegt.[32] Diese systematische Benachteiligung zu beenden, muss das oberste Ziel einer diskriminierungsfreien Gesellschaft sein.

Vielfalt ist nicht nur eine Stärke, sondern auch ein Versprechen unserer Demokratie – aber eben auch ein Versprechen, das es immer wieder neu zu erfüllen gilt. Damit jede*r in unserem Land gleichberechtigt, frei, selbstbestimmt und ohne strukturelle Benachteiligung leben kann, müssen wir unser Denken, unser Verhalten und auch unsere Gesetze verändern.

Sehen wir uns beispielsweise rassistische und rechte Prägungen an, die in der deutschen Bevölkerung nach wie vor ein riesiges Problem sind. Studien zeigen, dass über 20 Prozent der deutschen Bevölkerung rechtem beziehungsweise rechtspopulistischem Gedankengut anhängen.[33] Der vor uns liegende Weg ist noch weit. Laut des Verbands der Beratungsstellen werden etwa fünf Menschen am Tag Opfer von rechter, rassistischer und antisemitischer Gewalt. Eine*r davon ist ein Kind oder Jugendliche*r.[34]

Staatsministerin Alabali-Radovan nannte bei der Vorstellung des Lageberichts *Rassismus in Deutschland* noch erschreckendere Zahlen: So werden hier rund 22.000 Angriffe von rechts pro Jahr genannt – alle 24 Minuten eine Straftat.[35]

Das zeigt umso dringlicher, dass der Schutz der aktuell von Diskriminierung Betroffenen oberste Priorität haben muss. Deswegen sollten wir beispielsweise für Frauen, die von Gewalt betroffen sind, nicht nur mehr Frauenhausplätze als erste Anlaufstelle schaffen, sondern sie auch durch weiterführende Beratungsangebote darin unterstützen, sich dauerhaft von Gewalt zu befreien. Wir brauchen Ombuds- und Anlaufstellen in öffentlichen Einrichtungen sowie Antidiskriminierungsbeauftragte, die so sensibilisiert sind, dass sie bei konkreten Fällen helfen oder vermitteln können. Und wir brauchen Opferberatungen, an die sich Betroffene wenden können und bei denen sie sofort Hilfe bekommen.

Auch und vor allem im öffentlichen Raum ist Zivilcourage gefragt, wenn Menschen grundlos angefeindet, bedroht oder beleidigt werden. Die Expertin für Rassismuskritik Tupoka Ogette erklärt in ihrem Buch *Und jetzt du*, was man tun kann, wenn beispielsweise in der U-Bahn rassistische Parolen gerufen werden: »Beratungsstellen empfehlen, nicht nur den*die Täter*in im Auge zu haben, sondern auch das Opfer. Diese Person anzusprechen, sich neben sie zu stellen und sie gegebenenfalls aus der Gefahrensituation zu begleiten.«[36] Es ist so wichtig, dass wir eingreifen und uns solidarisch zeigen. Aufstehen und beistehen – anstatt zu denken: *Irgendjemand wird schon was machen. Und wenn niemand etwas tut oder sagt, wird's schon nicht so schlimm sein.*

Im aktuellen Diskriminierungsschutz des AGG (Allgemeines Gleichbehandlungsgesetz) sind manche Bereiche oder Merkmale noch gar nicht abgedeckt, fallen also durchs Raster. Deshalb ist es nötig, das AGG an einigen Stellen anzupassen, um den unterschiedlichen Lebensrealitäten gerecht zu werden und Betroffenen Handlungsmöglichkeiten zu geben und ihnen Sichtbarkeit zu verschaffen.[37]

Wir müssen endlich anfangen, *alle* diskriminierenden Übergriffe zu dokumentieren und statistisch auszuwerten. Nur so können wir ableiten, wo die wichtigsten Baustellen liegen, an denen wir sofort arbeiten müssen. Der *Berlin-Monitor* legt beispielsweise rechtsextremistische, antisemitische, rassistische oder andere menschenverachtende Haltungen offen und erfasst die Erfahrungen von diskriminierten Berliner*innen. Wenn wir wissen, wie die Probleme im Alltag ganz konkret aussehen, können wir auch effektive Maßnahmen entwickeln und etablieren.

Dass Schutzmaßnahmen notwendig sind, steht vollkommen außer Frage. Doch wir müssen das Problem an der Wurzel packen, damit bestenfalls gar kein Schutz mehr nötig ist. Also: Ran an die Systeme, bestehende Strukturen aufbrechen!

Bereits in der Schule müssen Kinder einen fairen und diskriminierungsfreien Umgang miteinander lernen. In Berlin haben wir beispielsweise den RAA (Regionale Arbeitsstellen für Bildung, Integration und Demokratie e. V.), der regelmäßig Trainings mit Kindern und Lehrkräften durchführt und zeigt, wie ein respektvoller, empowernder und diskriminierungsfreier Umgang miteinander aussieht.[38] Solche Trainings sollten bundesweit verpflichtend sein – an jeder Schule sollte mindestens einmal im Jahr eine entsprechende Projektwoche stattfinden. Ebenso muss all das Bestandteil der Lehrer*innenausbildung sein. Auch sie müssen lernen, diskriminierendes Verhalten zu erkennen und dieses nicht selbst zu rezipieren.

Die Bekämpfung von Diskriminierung beginnt mit dem Erkennen. Wenn dieses Erkennen bereits von klein auf in der Schule vermittelt wird, werden Kinder dazu befähigt, Rassismus und wenig hilfreiche Stereotype zu identifizieren. Das schafft besonders bei Nichtbetroffenen ein Bewusstsein dafür, gegen Diskriminierungen vorzugehen und betroffenen Menschen solidarisch beizustehen.

Doch nicht nur Bildungseinrichtungen tragen hier eine große Verantwortung. Besonders im Bereich der rassistisch und rechtsextrem motivierten Straftaten lässt sich erkennen, dass auch ein Umdenken auf allen Ebenen der Exekutive notwendig ist. Dass beispielsweise über Jahrzehnte der sogenannte NSU in Deutschland morden konnte, ohne dass die Sicherheitsbehörden den rechtsextremen Terror dahinter verfolgten, ist nur die Spitze des Eisbergs. Auch rechte Chatgruppen, das sogenannte »Racial Profiling« und eine in Teilen menschenverachtende Sprache ziehen sich durch öffentliche Behörden.[39] Das Personal in der Exekutive, in den Verwaltungen und in sozialen Trägern muss deshalb verpflichtend diskriminierungssensibel und regelmäßig geschult werden. Denn auf freiwilliger Basis kommen wir leider nicht weiter, wie ein Beispiel der Polizei in Sachsen zeigt, wo sich 2021 genau drei Personen zu den sensibilisierenden Unterrichtseinheiten angemeldet haben.[40] Drei. In einem kompletten Bundesland. Und das ist ein Problem, das bundesweit auftritt. Die Bereitschaft, kritisch Strukturen zu hinterfragen, ist bei vielen Menschen nicht vorhanden. Selbst in der Regierungsebene gibt es immer wieder Ablehnung, so wie beispielsweise 2020, als sich Markus Söder öffentlich gegen eine Rassismus-Studie bei der Polizei stellte.[41]

Ein System, das von diskriminierenden Strukturen durchzogen ist, bekommen wir auf diesem Weg bestimmt nicht geändert.

Deswegen benötigen wir mehr Gesetze, die Ungleichbehandlung verbieten – wenn diese missachtet werden, muss das Konsequenzen nach sich ziehen.

Ein historischer Meilenstein in die richtige Richtung ist das deutschlandweit erste Landesantidiskriminierungsgesetz (LADG), das 2020 in Berlin in Kraft trat. Es ist das erste Antidiskriminierungsgesetz seiner Art und stellt eine Erweiterung des Allgemeinen Gleichbehandlungsgesetzes (AGG) des Bundes dar. Im Vergleich zu dem Bundesgesetz können Betroffene in Berlin erstmals gegen Ungleichbehandlungen im öffentlich-rechtlichen Handeln vorgehen. Also auch bei den Berliner Sicherheitsbehörden, den Verwaltungen und staatlichen Hochschulen sowie dem Verkehrsverbund oder dem Berliner Bäderbetrieb. Zudem wurden die Diskriminierungsgründe ausgeweitet und es werden nicht mehr nur ethnische Herkunft, Geschlecht, Religion, Behinderung, Alter oder sexuelle Identität berücksichtigt, sondern auch chronische Erkrankungen und der soziale Status.[42] Dass dieses Gesetz überhaupt eingeführt wurde, zeigt, dass das bundesweite Gleichbehandlungsgesetz nicht ausreicht, um Menschen ausreichend zu schützen. Daher bin ich der Meinung, dass das Berliner Gesetz ein Vorbild für den Bund sein sollte, damit in Zukunft in ganz Deutschland Betroffene davon profitieren und Diskriminierungen öffentlich-rechtlichen Handelns nicht länger ungeahndet bleiben.

Darüber hinaus gilt es, Mechanismen zu entwickeln, Menschen mit weniger Privilegien besser zu integrieren und ihnen mehr Teilhabe zu ermöglichen. Mechanismen, die dem aktuellen System trotzen, sozusagen. Wollen wir marginalisierte Gruppen gezielt berücksichtigen, müssen die bestehenden Strukturen evaluiert und umgebaut werden.

Die Berliner Grünen haben dazu beispielsweise einen parteiinternen Diversity-Prozess gestartet. In einer Umfrage wurde überprüft, was bereits gut läuft, welche Defizite es gibt und wo Handlungsbedarf besteht. Es wurden ein Diversity-Rat und eine Antidiskriminierungsstelle eingerichtet, die Ausbildung eigener Diversity-Trainer*innen und Schulungsangebote für Mitglieder angestoßen und ein Budget für entsprechende Maßnahmen zur Verfügung gestellt.[43] Auch auf Bundesebene gibt es diesen Diversitäts-Rat der Grünen.

Die Diversitätsstrategie für die Bundesverwaltung, die mehr Vielfalt und Chancengerechtigkeit im öffentlichen Dienst anstrebt, ist ebenfalls eine positive Entwicklung.[44]

Der Abbau diskriminierender Strukturen ist entscheidend für mehr Gerechtigkeit. Das gilt nicht nur für parteiinterne Prozesse, sondern genauso für Unternehmen, Vereine, Universitäten, kulturelle Einrichtungen und so weiter. Und dazu braucht es politische Vorgaben.

Eine davon ist das Berliner Integrations- und Partizipationsgesetz, das die Möglichkeiten der Repräsentation von Menschen mit Migrationsgeschichte in der Verwaltung ausgebaut hat. Stellenausschreibungen müssen gezielt mehr Menschen mit Migrationsgeschichte ansprechen und diese bei der Besetzung von Stellen in besonderem Maße berücksichtigen. Dieser Ansatz sollte auch auf alle Teile der Gesellschaft übertragen werden. Das heißt: nicht nur mehr Diversität in der Verwaltung, sondern in *allen* Branchen.

Und es gibt eine weitere Gruppe, die viel zu häufig übergangen wird: Kinder. Nicht erst Corona hat gezeigt, wie weit wir davon entfernt sind, sie ernst zu nehmen, in Entscheidungsprozessen zu berücksichtigen und einzubinden. Sie sind Menschen mit Rechten und ihre Stimmen sind wichtig für die Weichenstellungen unserer und ihrer eigenen Zukunft. Ein Wahlrecht ab 16 wäre dafür eine erste Möglichkeit. Außerdem sollten Kinderrechte ins Grundgesetz aufgenommen werden, um ihre Interessen und Bedürfnisse sichtbarer zu machen und ihnen mehr Mitsprache und Beteiligung bei allen Entscheidungen, die sie betreffen, zu ermöglichen. Es geht um *ihre* Perspektiven, *ihre* Aufgaben und *ihr* gesellschaftliches Erbe. Denn egal, ob digitale Welt oder der Zustand unseres Planeten – Kinder müssen mit dem umgehen, was wir ihnen hinterlassen. Die Proteste der Kinder- und Jugendbewegung Fridays for Future sind ein guter Beleg dafür. Hier fordert die Jugend ein Umlenken der Politik ein, weil sie Angst hat, dass sonst die Grundlagen für ihre Zukunft verspielt werden. Könnten sie wählen, hätten sie Einfluss auf die Frage, welche Politik den künftigen Kurs in Deutschland bestimmt. Dem wird oft entgegengehalten, dass Kinder ja noch nicht voll entwickelt seien und deshalb nicht frei entscheiden können. Ich finde: Wer eigenständig Demos und Klimaproteste in diesem Maße und mit diesem Einfluss organisieren kann, sollte auch wählen dürfen.

Mehr Emanzipation

In kaum einem Kontext sind die Zusammenhänge zwischen ungerechter Machtverteilung, Erschöpfung und Selbstausbeutung so gut sichtbar wie im Machtgefälle zwischen den Geschlechtern. Um es mit Margarete Stokowskis Worten zu sagen: »Wir können versuchen, da wo wir sind, Unterdrückung abzuschaffen – und wir können versuchen, unsere eigene Welt zu beherrschen.«[45]

Stellen wir uns mal vor, dass es zwischen den Geschlechtern eine wirklich faire Lastenverteilung gibt. Dass all die tradierten Rollenmodelle überwunden sind, Frauen nicht mehr kleingehalten und sexistisch diskriminiert, sondern auf Augenhöhe behandelt werden. Dass Männer keine toxischen Verhaltensweisen anerzogen bekommen und sich ebenso verantwortlich für Familie und Care-Arbeit fühlen, wie es aktuell vor allem Frauen tun.

Stellen wir uns vor, es gäbe im Berufsleben keine geschlechtsspezifischen Unterschiede in der Bezahlung und Wertschätzung und alle hätten die gleichen beruflichen Chancen. Jetzt stellen wir uns noch vor, dass all das nicht nur für unterschiedliche Geschlechter gilt. Dass also unabhängig von Privilegien eine echte Chancengerechtigkeit für alle bestünde. Wäre das nicht großartig?

Wenn ich dieses Gedankenexperiment weiterdenke, gäbe es eine deutlich diversere Durchmischung der Berufe und die Gehälter würden sich angleichen. Der ständige Kampf um Anerkennung und Teilhabe, den diskriminierte Personen nur zu gut kennen, würde wegfallen, und von all der Energie, die in den aktuellen Verhältnissen für diese Kämpfe verloren geht, würde die Gesellschaft profitieren. Die Erschöpfungszustände nähmen deutlich ab, stattdessen gäbe es mehr Solidarität und Zufriedenheit.

Was mal wieder nach einer fernen Utopie und vielleicht einem unrealistischen Gedankenspiel meinerseits klingt, steht eigentlich längst im Grundgesetz.

Für Menschen, die im Alltag von Sexismus betroffen sind, muss es auf dem Weg dorthin Hilfsangebote geben. Ein gutes Beispiel ist das Projekt »make it work!: Für einen Arbeitsplatz ohne sexuelle Diskriminierung, Belästigung und Gewalt« des Bundesverbands Frauenberatungsstellen. Die Förderung des Projekts durch das BMFSFJ ist 2023 gestartet und hat das Ziel, Trainer*innen durch Materialien, Workshops und Vernetzung zu unterstützen, die Qualität der Expertise zu sichern und Betroffene über ihre Rechte zu informieren sowie die nötige Unterstützung zu bieten.[46]

Hilfetelefone und Beratungsstellen sind wichtige Eckpfeiler, um Betroffenen zu vermitteln, dass ihr Erleben von diskriminierenden Vorfällen nicht falsch ist, dass sie nicht »selbst schuld« sind, und Handlungsorientierung zu bieten.

Es gibt schon viele Initiativen und Projekte, die genau in die richtige Richtung gehen. Das Problem: Sie sind noch viel zu unbekannt und werden von der Öffentlichkeit kaum beachtet oder thematisiert. Wir brauchen deshalb breitere, öffentlichkeitswirksame Kampagnen und neue Vorbilder. Und vor allem brauchen wir umfassendere gesetzliche Vorschriften und Regelungen, um die Geschlechterungerechtigkeit zu beenden – und diese müssen auch so ausgearbeitet sein, dass sie nachweislich etwas verändern. Wir müssen den Gender Pay Gap, Gender Care Gap und Gender Pension Gap auflösen. Das erwähnte Urteil, bei dem eine Klägerin recht bekam, die im gleichen Job deutlich weniger verdiente als ihr Kollege, ist in dieser Hinsicht ein Meilenstein.

Ein weiterer Schritt in die richtige Richtung ist das Entgelttransparenzgesetz, das Beschäftigten das Recht gibt, sich über die Entgeltstrukturen des Betriebs zu informieren. Leider zeigt dieses Gesetz seit 2017 kaum Wirkung, weil es an vielen Ecken und Enden hakt. Hier muss dringend nachgebessert werden, damit Betriebe tatsächlich dazu verpflichtet sind, gleiche Arbeit mit gleichem Lohn zu bezahlen. Dies zeigt, wie entscheidend die Ausgestaltung von Gesetzen ist und dass eine regelmäßige Evaluierung der Wirksamkeit sowie eine damit verbundene Nachbesserung der Gesetze unumgänglich sind.

Wir können uns ein Vorbild an Island nehmen: Mit dem Equal Pay Act wurde dort bereits 2017 ein Gesetz verabschiedet, das Unternehmen mit Geldbußen bestraft, die keine Lohngleichheit umsetzen.

Das Problem ist nicht nur der reine Gender Pay Gap, sondern der »Gender Gap Arbeitsmarkt«, wie es das Statistische Bundesamt nennt. Dabei handelt es sich um einen Mantelbegriff, der ausdrückt, dass Frauen gleichzeitig »weniger pro Stunde verdienen, häufiger in Teilzeit arbeiten und seltener überhaupt am Erwerbsleben teilnehmen«.[47] Diese Dynamiken begründen ihrerseits wiederum Phänomene wie den Gender Pension Gap.

Eine veränderte Lastenverteilung im Alltag kann bei der Bekämpfung helfen. Sie ist vor allem für Eltern relevant, da hier die Lücke am weitesten auseinanderklafft.

Setzen wir beispielsweise bei der Elternzeit und dem Elterngeld an. Wieso nehmen die meisten Väter beispielsweise nur zwei »Vätermonate«?

Die Auszahlung des Elterngeldes müsste so angepasst werden, dass Paare, die 50:50 aufteilen, am meisten profitieren. Sieben Monate pro Elternteil sollten die Norm sein. In Island und anderen skandinavischen Ländern ist diese verpflichtend gleichberechtigte Aufteilung bereits umgesetzt. Die positiven Auswirkungen dieses Modells auf die Geschlechtergerechtigkeit sind empirisch belegt. So haben Studien in Island nachgewiesen, dass Väter ihre Rolle zunehmend annehmen und genießen. Zudem wächst die Einsicht, wie viel Arbeit es ist, sich um ein Kind zu kümmern. Mütter kehren früher auf den Arbeitsmarkt zurück und arbeiten mehr Stunden als vor Einführung der Reform – wohingegen Männer eher bereit sind, ihre Arbeitszeit zu reduzieren. Auch hier findet also eine zunehmende Angleichung statt. Und sogar die Geburtenrate profitierte von der Reform und stieg nachweislich an.[48]

Bundesfamilienministerin Lisa Paus will mit dem sogenannten »Familienstartzeitgesetz« ebenfalls eine gerechtere Verteilung der Kinderbetreuung und Hausarbeit stärken. Der Partner oder die Partnerin der Mutter soll nach der Geburt für zwei Wochen bezahlt freigestellt werden, so ein aktueller Gesetzentwurf. Alleinerziehende können statt des zweiten Elternteils eine andere Person aus ihrem Umfeld benennen.[49]

Ich würde hier noch deutlich weiter gehen und die Freistellung in Anlehnung zum Mutterschutz auf zwei Monate für den zweiten Elternteil ausweiten – und zwar verpflichtend. Alleinerziehende bekommen analog dazu für zwei Monate eine Vertrauensperson zur Seite gestellt, die von der Mutter benannt werden kann.

Wenn auch Männer nach der Geburt längere Zeit ausfallen, verbessert sich nicht nur die innerfamiliäre Lastenteilung, sondern auch die diskriminierenden Verhältnisse auf dem Arbeitsmarkt. Man hört immer wieder, dass Firmen lieber Männer einstellen, aus Sorge, Frauen könnten schwanger werden. Wenn Männer aber genauso selbstverständlich für die Familie pausieren, im »Vaterschutz« ebenso wie in der Elternzeit, hat sich dieses vermeintliche Argument von selbst erledigt.

Kurz: Gesellschaftliche Erwartungen der »guten Mutter« und des »Vaters als Versorger« können überwunden werden, wenn wir es schaffen, durch politische Strukturen gleichberechtigten Beziehungen einen Vorteil zu verschaffen und diese dadurch als Norm zu etablieren.

In einem Artikel über »Caring Masculinities« schreiben der Sozialwissenschaftler Marc Gärtner sowie die Soziologin Elli Scambor:

Studien zur Aufteilung unbezahlter Sorgearbeit bei Paaren mit Kindern zeigen, dass geschlechtergerechtere Modelle mit höheren Zufriedenheitswerten bei allen Beteiligten und mit geringeren Belastungen und geringeren Risiken (Gewaltwahrscheinlichkeit sinkt) einhergehen.[50]

Eine fairere Lastenverteilung ist also nicht nur für eine gerechtere Gesellschaft nötig, sondern macht sogar zufriedener. Ich glaube, das sind genug gute Argumente für die Politik, dieses Thema weiterzuverfolgen.

Kommen wir daher zu einer weiteren Maßnahme, die sich bereits bewährt hat: die Quote. Sie bezieht sich auf das Verhältnis zwischen der Anzahl der Menschen einer bestimmten Gruppe (beispielsweise Geschlecht, Migrationshintergrund,

Alter, Behinderung) und der Anzahl der Menschen insgesamt. Dieses Verhältnis sollte sich in wichtigen Bereichen oder Positionen, wie beispielsweise in Führungspositionen, in der Politik oder im Bildungsbereich, wiederfinden. Quoten ermöglichen es, eine diverse Repräsentanz von Bevölkerungsgruppen durchzusetzen und mehr Gerechtigkeit zu schaffen. Denn nur durch die Teilhabe aller Gruppen der Bevölkerung kann eine faire Gesellschaft garantiert werden.

Quoten funktionieren am besten, wenn sie einklagbar sind und wenn beispielsweise Führungskräfte die Zielvorgaben für ihre Boni nur dann erreicht haben, wenn die Quoten erfüllt sind. So werden Pflicht und Anreiz verbunden.

Verbindlichkeit und gesetzliche Regelungen sind entscheidend, damit die Quote wirkt und mehr Vielfalt und Gleichberechtigung entstehen. Freiwillige Selbstverpflichtungen ändern nichts.[51] Deshalb wurde in einer Novellierung des Führungspositionengesetzes nun die bewährte fixe Quote in Aufsichtsräten durch ein Mindestbeteiligungsgebot für Vorstände ergänzt. Börsennotierte und paritätisch mitbestimmte Unternehmen müssen künftig mindestens eine Frau in den Vorstand berufen, wenn ihr Vorstand aus mehr als drei Personen besteht.

Die ehemalige Chefin der Berliner Verkehrsbetriebe und heutige Vorständin der Deutschen Bahn Sigrid Nikutta sagt ganz klar: »Die Quote wirkt.« Sie hat nicht nur bei der Deutschen Bahn für einen paritätischen Vorstand gesorgt, sondern auch in ihrer Zeit als BVG-Chefin ihre Personalabteilung dazu gebracht, mehr Frauen einzustellen, indem sie Mindestquoten festgelegt hat. So einfach, so wirkungsvoll.

Quoten sollten nicht nur auf das Thema Geschlechtergerechtigkeit begrenzt sein. Wie das Beispiel des Berliner Partizipations- und Integrationsgesetzes zeigt, können diese Quoten beispielsweise auch für Menschen mit Migrationsgeschichte eingesetzt werden, um ihren Anteil entsprechend dem in der Bevölkerung abzubilden. Wichtig ist, dass es hier verbindliche Zielquoten und nicht nur freiwillige Selbstverpflichtungen gibt. Dasselbe kann ich mir bei der Altersstruktur oder beim Ausbildungsgrad vorstellen – denn nicht nur in meiner Branche ist mehr Vielfalt bitter nötig.

Ohne Quoten bekommen marginalisierte Gruppen oft gar nicht erst die Chance, zu zeigen, wie gut sie sind, obwohl wir ihre Expertise und ihre Sichtweisen benötigen. Zudem schaffen Quoten Vorbilder für andere marginalisierte Menschen und machen Mut, selbst mehr zu wagen. Im besten Fall schaffen sich Quoten durch eine ausgeglichene Repräsentation selbst irgendwann ab. Bis wir bei dieser Repräsentation angekommen sind, brauchen wir aber solche Übergangslösungen, um die Belange der Gesamtgesellschaft im Blick zu behalten.

Gerade in den Parlamenten ist es wichtig, dass sich vielfältige Biografien und Lebensrealitäten wiederfinden. Hier sind Länder wie Frankreich bereits weiter.

Dort sind Parteien seit 2000 bei Kommunal-, Regional- und Europawahlen verpflichtet, im gleichen Verhältnis Männer und Frauen auf ihren Wahllisten aufzustellen. Tun sie das nicht, wird die staatliche Parteienfinanzierung gekürzt und es drohen Sanktionen. In Belgien, Portugal, Slowenien und Spanien gibt es bereits ähnliche Regelungen. Es wird höchste Zeit, dass wir im Deutschen Bundestag und in allen Landesparlamenten nachziehen und paritätische Listen auf allen Ebenen zur Pflicht machen.[52]

Es geht mir um eine nachhaltige Auflehnung gegen den untragbaren Status Quo. Wir sollten endlich revoltieren statt resignieren. Dafür müssen wir die Geschlechtergerechtigkeit ebenso fördern wie die Chancengerechtigkeit für alle Menschen. Es kann einfach nicht sein, dass wir als Gesellschaft so viel Potenzial verlieren, indem Menschen diskriminiert, abgehängt und ausgebeutet beziehungsweise in die Selbstausbeutung getrieben werden. Wir müssen uns unfaire Lastenverteilungen in Familien und Beziehungen anschauen und Themen wie Rassismus, Armut und Bildung in den Blick nehmen. Nur, wenn wir radikal die bestehenden Machtverhältnisse aufbrechen, wird sich etwas ändern. Margarete Stokowski schreibt zum Selbstverständnis hinter derartig neuen Forderungen das Folgende: »[...] wir werden dabei nicht ›bitte‹ sagen, denn man sagt gar nicht ›bitte‹ bei Revolutionen. Man sagt nur ›danke‹ zu denen, die mitgekämpft haben.«[53] Solidarisieren wir uns – miteinander und füreinander!

Neuer Leistungsbegriff und gesunde Arbeit

Aktuell passt sich der Mensch der Arbeitswelt an – Erschöpfung und gesundheitliche Leiden inklusive –, so lange, bis irgendwann gar nichts mehr geht. Das muss aufhören. Es braucht eine radikale Umkehr. Weg von einer Erwerbstätigkeitsgesellschaft hin zu einer Tätigkeitsgesellschaft mit mehr Gemeinwohl und weniger Bürokratie. Weg von einer Welt, in der sich Menschen mit all ihren Bedürfnissen den Anforderungen der Arbeitswelt unterordnen und anpassen, hin zu einer Welt, in der sich die Arbeitsbedingungen den Lebensrealitäten der Menschen anpassen. Eine Welt, in der nicht Stress, Schlafmangel und Selbstausbeutung heroisiert werden, sondern ein gesunder Lebensstil als cool und erstrebenswert gilt und – das ist noch wichtiger als das »Image« – für alle Menschen möglich ist.

Dafür müssen wir uns von den Prägungen des Kapitalismus lösen. Denn der Kapitalismus beeinflusst unser Sozialgefüge und zerstört mit ständigen Wachstumsgedanken Ressourcen und Beziehungen. Er schafft es, durch den Wettbewerbsgedanken unser Zeitbudget und unseren Solidaritätsgedanken zu schrumpfen, und das, obwohl wir doch eigentlich soziale Wesen sind. Damit hat sich auch der Autor Heinz Bude in seinem Buch *Solidarität – Die Zukunft einer großen Idee* beschäftigt. Er geht sogar davon aus, dass Solidarität ein Mittel sein kann, um die tiefe Spaltung in unserer Gesellschaft zu überwinden.[54] Ist es nicht genau das, was wir wollen und brauchen?

Wenn wir unsere Arbeitswelt und unser Zusammenleben neu denken möchten, müssen wir also vor allem auf zwei Dinge setzen: mehr Zeit und mehr Solidarität. Nur so können wir eine gerechtere Lastenverteilung, mehr Raum für zwischenmenschliche Beziehungen, mehr Zufriedenheit und weniger Ermüdung erreichen.

Die Generation Z, also die zwischen 1996 und 2010 Geborenen, machen uns in vielerlei Hinsicht vor, wie eine neue Arbeitswelt aussehen kann. Immer mehr junge Menschen wenden sich von den Leistungsidealen unserer Gesellschaft ab und hinterfragen die bestehenden Systeme. Sie verweigern sich einem Leben, das allein auf Leistung setzt. Statt Selbstausbeutung streben sie nach Selbstverwirklichung und im besten Sinne einer gesunden Work-Life-Balance.

»Etwa 56 Prozent der Gen Z und 55 Prozent der Millennials gaben an, dass sie ihren Job kündigen würden, wenn dieser ihr Privatleben beeinträchtigen würde«, zitiert *Business Insider* die Ergebnisse einer groß angelegten Studie.[55]

Dazu die Frage, warum sie sich weiter der Leistungsgesellschaft unterordnen sollten, während eine Krise die andere jagt. Viele junge Menschen haben keinen Bock mehr, irgendeinen Job in irgendeinem Unternehmen auszuüben, um dann als Lohn in den starren Systemen mitlaufen zu müssen. Und auch Studien zeigen immer wieder, dass besonders die jungen Generationen keiner Arbeit bei Unternehmen nachgehen möchten, die andere soziale und ökologische Ansichten vertreten als sie selbst.[56]

Neu ist: Junge Menschen *können* Anforderungen stellen, denn sie wachsen als erste Generation seit Langem in Zeiten des Fachkräftemangels auf. Der Gewerkschaftsfunktionär und Bundestagsabgeordnete Frank Bsirske sagte, der Arbeitsmarkt sei von einem Angebots- zu einem Nachfragemarkt gekippt. Das bedeutet: Nicht mehr die Menschen sind es, die sich um einen Job bemühen müssen, sondern die Firmen müssen heute um Mitarbeitende buhlen.

Ich habe vor einigen Jahren ein Bewerbungsgespräch mit einer jungen Frau geführt, bei dem ich genau das erlebte. Kurz nach der eigenen Vorstellung fragte die Bewerberin selbstbewusst: »Was können Sie denn eigentlich für mich tun?« Plötzlich kehrten sich die Rollen um und ich musste mich als Arbeitgeberin bei ihr bewerben – das war neu, aber sehr erfrischend.

Mit einer Selbstverständlichkeit stellt die Gen Z neue Bedingungen auf und trägt ihre Ideale nach außen. Sie gilt als »anspruchsvolle« Generation, die bessere Gehälter, mehr Freizeit und sinnstiftende Tätigkeiten fordert. Und sie hält uns den Spiegel vor und sagt: *Schaut mal. Das seid ihr. Wieso macht ihr das?* Sie zwingt uns zu Selbstreflexion.

Doch ihr Verhalten sorgt häufig für Ablehnung und Skepsis. Die Journalistin Anna Dunst, selbst Teil der Gen Z, schreibt in einem Artikel auf EMOTION.de, dass sie diese Abwehrhaltung verwunderlich fände. Denn die Forderung »nach einem besseren Gehalt oder nach mehr Work-Life-Balance ist alles andere als revolutionär und schon gar keine Erfindung der Gen Z«.[57] Sie erklärt, dass unter anderem der Begriff der »Work-Life-Balance« eher eine Erfindung der 90-Jahre ist, während derer die Forderung nach einer besseren Arbeitswelt erstmalig Fahrt aufnahm.

Ihr Fazit: Es sei zwar nachvollziehbar, dass »ältere Angestellte sich vor den Kopf gestoßen fühlen, weil Anliegen, für die sie lange gekämpft haben, erst jetzt in Angriff genommen werden«, aber ein Generationenkonflikt sei nicht zielführend, da doch eigentlich viele die gleichen Ziele hätten. Der Fachkräftemangel ermöglicht es den jungen Menschen nur endlich, bessere Bedingungen zu erzwingen. Und davon profitieren alle – auch die Älteren.

Setzen wir auf einen Dialog statt ein Gegeneinander, können wir neue Arbeitsmarktmodelle entwickeln, die nicht nur jungen, sondern allen Menschen dabei helfen, ein besseres Leben in mehr Gerechtigkeit und weniger Erschöpfung zu führen.

Der Wunsch nach besseren Arbeitsbedingungen und einer Veränderung der Strukturen der Selbstausbeutung hin zu sinnstiftenden Aufgaben deckt sich auch mit einem weiteren Anliegen der jungen Generation: Das Stichwort mentale Gesundheit am Arbeitsplatz ist seit Jahren eines der großen Themen schlechthin.

Susanne Narciss, Professorin für die Psychologie des Lernens und Lehrens an der TU Dresden, erklärt:»Wenn wir so einen beschämenden Umgang mit Fehlern haben, dann besteht die Tendenz, Fehler zu vertuschen. Und das kann katastrophale Folgen haben.«[58]

Trotzdem ist der Alltag der meisten von uns das genaue Gegenteil davon. Fehler werden verschleiert, heruntergespielt oder ausgesessen – zum Teil mit verheerenden Folgen.

Das gilt für die Politik genauso wie für Schule, Studium und Unternehmen: Überall müssen wir daran arbeiten, eine menschlichere Fehlerkultur zu etablieren. Als Politiker*innen sollten wir Vorbild sein und zeigen, dass eine mangelnde Fehlerkultur falsche Werte vermittelt. Als Gesellschaft müssen wir lernen, gesünder zu leisten, und nur, wenn wir einen ordentlichen Umgang mit dem Scheitern finden, können wir den Druck, der durch die Angst vor Entblößung und Kritik entsteht, und die Erschöpfung, die durch diesen Druck wächst, abmildern.

Über die Generationen hinweg muss sich die Einsicht durchsetzen, dass die Leistungsfähigkeit von Menschen natürliche Grenzen hat und dass diese nicht durch eine anerzogene und vorausgesetzte Leistungsbereitschaft permanent überschritten werden dürfen. Kampagnen, Schulungen und Programme können dabei helfen, unsere vorherrschenden kulturellen Werte und Normen anzupassen und aufzuklären, was mit uns passiert, wenn wir wieder und wieder die eigenen Grenzen überschreiten. Auch hinsichtlich des Therapiebedarfs und der Vergabe von Therapieplätzen bedarf es Reformen. Die Erkenntnis, dass diese dauerhafte Grenzüberschreitung zu psychischen Schäden führen kann, kann lange ignoriert werden – bis es zu spät ist. Je mehr sich unsere Gesellschaft hierüber bewusst wird, desto schneller wird auch die Akzeptanz entwickelt, neue Arbeitsbedingungen zu schaffen.

Doch auch mit einer achtsameren Fehlerkultur, besseren Versorgungs- und Vorsorgeangeboten ist es noch lange nicht getan. Das Thema fairer Gehälter ist entscheidend bei der Frage, wie wir in Zukunft arbeiten wollen. Gerade in den unverzichtbaren, den »systemrelevanten« Berufen sind die Lohnstrukturen häufig so fatal, dass viele Menschen nicht von ihrem Job leben können. Laut Statistischem Bundesamt hatten 2021 ganze 4,4 Prozent der Erwerbstätigen einen zweiten Job neben ihrer eigentlichen Arbeit – das sind gut 1,8 Millionen Menschen, die sich kein Leben ohne Zweitjob leisten konnten.[59]

Es gibt aber nicht nur Menschen, die zwei, sondern auch drei oder mehr Jobs haben. Natürlich ist das zu viel – für wen wäre es das nicht? Der Lohn für den ersten Job sollte ausreichen, um davon leben zu können. Hier verläuft die Grenze zwischen

Arbeit und Selbstausbeutung. Erst wenn der Lohn die Grundlage für ein würdevolles Leben bietet, wird erbrachte Leistung ausreichend honoriert.

Vor allem zwei politische Maßnahmen, um diesen angemessenen Lohn zu erhalten, sind hier maßgeblich: einerseits die Anhebung des Mindestlohns (der überall gelten sollte) und andererseits ein solides und faires Tarifsystem in allen Branchen. Außertarifliche Regelungen nach unten gehören abgeschafft, genau wie Leiharbeitsmodelle, sachgrundlose Befristungen und Kettenbefristungen. So simpel wie es klingt, ist es nun einmal: Gleicher Lohn für gleiche Arbeit führt zum Ende von prekärer Arbeit. Minijobs sind der Gipfel der Ausbeutung – sofern sie als Ersatz für sozialversicherungspflichtige Arbeitsstellen von Menschen im erwerbsfähigen Alter angeboten werden. Was für Studierende und Rentner*innen eine sinnvolle Ergänzung sein kann, ist für alle anderen vor allem eins: unfair! Viel zu niedriges Gehalt und das Fehlen der Rentenversicherungspflicht führen die Beschäftigten auf lange Sicht in die Altersarmut.

Neue Arbeitszeitmodelle

Mehr Zeit ist einer der großen Schlüssel zu mehr Solidarität. Denn wer Teil eines erbarmungslosen Wettbewerbs ist, hat zu wenig Zeit für Solidarität, Care-Arbeit und zwischenmenschliche Beziehungen. Deshalb ist der für mich wohl wichtigste Schritt, um unser selbstausbeuterisches Leistungsanspruchsdenken hinter uns zu lassen, die Reduzierung der Arbeitszeit. Andere Länder sind da bereits weiter als Deutschland, und es ist überfällig, dass wir nachziehen. Wir brauchen einen Wandel in der Zeitpolitik, einen Ausweg aus der Unterordnung des Drucks der Erwerbsarbeit und eine Stärkung der »Menschen gegenüber den Anforderungen des Marktes«.[60]

Doch können Systemwechsel und radikale Umkehr überhaupt gut gehen? Das Beispiel Island lässt hoffen: Zwischen 2015 und 2019 hat der Inselstaat mit mehr als einem Prozent der berufstätigen Bevölkerung die Vier-Tage-Woche getestet und wissenschaftlich ausgewertet. Der Grund dafür waren mangelnde Produktivität, Stress und Ermüdung bei den üblichen Arbeitszeiten (44,4 Stunden pro Woche) in Vollzeit-Anstellungen.[61] (Ermüdung und Stress – das kommt uns doch irgendwie bekannt vor ...) Das Ergebnis: »Die Arbeitnehmer machten dabei keinesfalls mehr Überstunden als zuvor, die gesamte Arbeitsleistung stieg vielerorts gleichzeitig leicht an. Und damit auch das Wohlbefinden der Beschäftigten, die mehr Zeit für ihre Familien und Hobbys hatten.«[62] Der Erfolg des Experiments hat dazu geführt, dass viele Gewerkschaften neue Arbeitszeiten verhandelt haben und es seit 2021 ein Recht auf eine 35-Stunden-Woche bei gleichem Gehalt gibt.[63]

Auch in Großbritannien gab es ein groß angelegtes Pilotprojekt für eine Vier-Tage-Woche bei vollem Lohnausgleich. Ebenfalls ein voller Erfolg. 56 der 61 teilnehmenden Unternehmen setzen die Vier-Tage-Woche auch nach dem Modellversuch fort und die Mitarbeitenden waren sehr viel zufriedener als vorher. »Vorher-Nachher-Daten zeigen, dass 39 Prozent der Mitarbeitenden weniger gestresst waren, 71 Prozent hatten ein geringeres ›Burn-out-Level‹. Angstzustände, Müdigkeit und Schlafprobleme nahmen ab, während sich die geistige und körperliche Gesundheit verbesserten«[64], so die Ergebnisse der Studie. Gleichzeitig gingen die Fehltage zurück und die Loyalität im Job und die Zufriedenheit mit der Work-Life-Balance stiegen an.

Trotz der positiven Ergebnisse gibt es auch Kritik an der Vier-Tage-Woche. Eine Befürchtung ist zum Beispiel, dass sich durch eine Arbeitsverdichtung der Stress nicht verringert, sondern weiter erhöht. Das bezieht sich insbesondere auf Modelle wie in Belgien, wo Arbeitnehmende seit Anfang 2022 selbst entscheiden können, ob sie ihre Stunden auf vier oder fünf Tage verteilen. Und tatsächlich halte auch ich die 4-Tage-Woche bei gleichbleibender Arbeitszeit für den falschen Weg. Es geht nicht darum, nur die Tage, sondern auch die Stunden zu reduzieren. Dafür sprechen Auswertungen der bisher untersuchten Modelle: Die Produktivität in den reduzierten Stunden steigt, die Krankentage nehmen ab und der »Output« bleibt auf lange Sicht trotz reduzierter Stundenzahl gleich. Die Vier-Tage-Woche ist somit kostenneutral.

Mir ist schon klar, dass es in der Theorie einfach ist, 30 oder 32 Arbeitsstunden zu fordern, und ich weiß, dass die Ausgestaltung in der Praxis komplexer ist.

Die Befürchtung, dass die Einführung einer Vier-Tage-Woche bei vollem Lohnausgleich nicht in jedem Berufszweig reibungslos laufen wird, ist weitverbreitet. Besonders mit Blick auf die Pflege- oder Erziehungsbranche, in denen »schon jetzt Kapazitätsgrenzen erreicht« werden, könnte die Produktivität zurückgehen.[65]

In Island beispielsweise waren zahlreiche kostspielige Neueinstellungen nötig, um die geringeren Arbeitszeiten zu kompensieren. Bei der Versorgung von Kindern, kranken oder pflegebedürftigen Menschen geht es nämlich tatsächlich um die Quantität der Zeit. Wenn Erzieher*innen oder Pflegekräfte nicht so lange arbeiten, braucht es mehr von ihnen. Oder?

»Die beste Strategie ist das Überarbeiten der Arbeitsprozesse«[66], so Guðmundur D. Haraldsson, Co-Autor der Studie des isländischen Modellversuchs.[67] »Was sind die konkreten Aufgaben? Können sie geändert, umverteilt oder gleich komplett übersprungen werden?«Er nennt das Beispiel eines Kindergartens, in dem am Nachmittag, wenn die Kinder eines nach dem anderen abgeholt werden, schrittweise weniger Personal benötigt wird. So konnten die Angestellten abwechselnd an einigen Tagen früher gehen. Auch ein Umplanen des Maximalbedarfs an Personal half: Die aufwendigste Betreuung brauchen die Kinder beim Mittagessen. Essen sie in Gruppen nacheinander, sinkt der Gesamtbedarf und schafft Platz für reduzierte Arbeitszeiten.

Solche Erkenntnisse lassen sich auch auf andere Bereiche und Branchen übertragen. Eine weitere Möglichkeit, mit der wir uns in Deutschland manchmal schwertun: Wir können die Digitalisierung nutzen, um Prozesse zu vereinfachen und Zeit einzusparen. Also nicht, um noch mehr zu schaffen, sondern um weniger arbeiten zu müssen.

Laut Haraldsson muss die Gesamtgesellschaft einen Konsens finden, in dem die Interessen der arbeitenden Bevölkerung ausreichend Beachtung finden. Dafür brauche es entschlossenes politisches Handeln, um die Entscheidung über die Zukunft der Arbeitswelt nicht allein in der Hand der Arbeitgeber*innen zu belassen. Denn Machthabende werden ihre finanziellen Vorteile nicht einfach aufgeben. Deshalb sei eine öffentliche Diskussion mit allen Vertreter*innen wichtig, um einen Konsens zu finden. Auch die Gewerkschaften müssten betonen, dass es ihr Recht sei, die neuen Technologien zu ihrem Vorteil zu nutzen, so Haraldsson.[68]

All das sind bewältigbare Schritte, damit unsere gesamte Gesellschaft von den Vorteilen der neuen Arbeitswelt profitieren kann. Doch es gibt noch einen weiteren – in meinen Augen äußerst absurden – Kritikpunkt am Konzept der Vier-Tage-Woche: die Befürchtung, dass sich durch verringerte Arbeitszeiten der Fachkräftemangel verstärkt oder die finanzielle Situation der Menschen verschlechtert. Der ehemalige SPD-Vorsitzende Sigmar Gabriel hat sich sogar für eine Erhöhung der wöchentlichen Arbeitszeit ausgesprochen und fragte in der *BILD*:»Wollen wir Menschen nicht lieber wieder mehr verdienen lassen, indem wir etwas länger arbeiten?«[69]

Diese Aussage ignoriert allerdings die strukturellen Gegebenheiten des aktuellen Arbeitsmarktes. Der zu geringe Verdienst vieler Menschen liegt nicht darin begründet, dass sie zu wenig arbeiten. (Schlecht bezahlte Pflegekräfte, die jeden Tag Höchstleistungen erbringen, können ein Lied davon singen.) Es ist kein individuelles Versagen, kein »fehlender Bock auf Arbeit«, sondern ein Versagen des kapitalistischen Systems, das sich unter anderem in unfairen Gehältern äußert, die nicht für ein menschenwürdiges Leben reichen. Will Sigmar Gabriel diese strukturellen Probleme also tatsächlich auf Kosten des ohnehin schon überarbeiten Personals lösen? Das kann so nicht funktionieren. Denn was passiert wohl, wenn wir die Menschen noch länger arbeiten lassen? Wird die Produktivität wirklich steigen? Oder wird sich der Personalmangel verringern? Nein, im Gegenteil. Die Arbeitswelt beschleunigt sich immer mehr und rennt trotzdem den technischen Entwicklungen hinterher. Dadurch geht den Menschen die Puste aus. Wir haben doch jetzt schon unzählige Studien, die zeigen, wie belastend und erschöpfend die aktuellen Arbeitsbedingungen sind. Mit noch mehr Belastung werden wir erleben, wie mehr und mehr Menschen zusammenbrechen, nicht mehr können, krank werden, kündigen oder den Job wechseln. Das System wird durch eine Erhöhung der Arbeitszeit also nicht gestärkt, sondern es wird zusammenbrechen.

Ich glaube sogar, dass die Vier-Tage-Woche dabei hilft, dem Fachkräftemangel in vielen Bereichen etwas entgegenzusetzen.

Weil somit die Chance besteht, dass Menschen die Arbeitsbedingungen in vormals prekären Berufsfeldern als attraktiver empfinden und wieder gern in diesen Bereichen arbeiten.

So erzählte Jessica Hansen, Chefin eines Malerbetriebs in Schleswig-Holstein, in der Sendung *Hart aber fair*, dass sie Probleme hatte, Mitarbeitende zu finden. Nachdem sie damit begann, eine Vier-Tage-Woche anzubieten, stieg nicht nur die Zahl der Bewerbungen für ihren Betrieb an, sondern machte die Idee auch Schule: »Jetzt kopieren andere ihr Modell«, heißt es in dem Bericht.[70]

Doch nicht nur Handwerksbetriebe versuchen auf diese Weise, dem Personalmangel zu begegnen. Im April 2023 erklärte Wedel als erste deutsche Stadt, in Zukunft auf die Vier-Tage-Woche im öffentlichen Dienst zu setzen.[71]

Dass auch in Deutschland immer mehr Arbeitgeber*innen eigenständig ihre Arbeitszeiten anpassen, zeigt den Bedarf, die bestehenden Normen aufzubrechen. Es wird Zeit, dass wir das Thema nicht den Betrieben überlassen, sondern endlich flächendeckend anpacken. Dazu sollten wir in einem ersten Schritt große Modellversuche starten, mit dem Ziel, auch in Deutschland die Vier-Tage-Woche mit reduzierter Arbeitszeit dauerhaft einzuführen.

Daneben brauchen wir aber auch Lösungen für diejenigen, die keinem klassischen Nine-to-five-Job nachgehen. Beispielsweise eine bessere Planbarkeit für Menschen, die im Schichtdienst arbeiten, und eine Abkehr von 24-Stunden-Schichten.

Zudem sollten die Regelungen zu Ruhezeiten im Arbeitsschutzgesetz ausgeweitet und die gesetzlichen Urlaubstage verpflichtend genommen werden müssen. Immer wieder berichten Menschen, dass sie gerade mal fünf Urlaubstage genommen hätten. Das kann nicht gesund sein. Deshalb ist eine Verpflichtung zur Pause offensichtlich notwendig, um diesen fiesen Wettbewerbsgedanken, der dahinter liegt –»*Wenn ich weniger Pause mache, komme ich schneller voran*« –, endlich loslassen zu können.

Auch regelmäßige Sabbaticals sind ein wirksames Mittel. Ein Bekannter von mir arbeitet in einem Unternehmen, in dem es alle fünf Jahre eine verpflichtende und bezahlte Auszeit von sechs Wochen für die Mitarbeitenden gibt. So wird diese notwendige Erholung nicht zu einer Ausnahme, die sich nur einige wenige erlauben können, sondern zu einer Selbstverständlichkeit für alle. Eine vorbildliche Haltung, die zeigt, dass gute Leistung nicht bedeutet, nie Pausen zu machen. Im Gegenteil. Diese Pausen sind gerade dann nötig, wenn Mitarbeitende einen zeitlichen Mehraufwand im privaten Umfeld (beispielsweise durch kleine Kinder oder pflegebedürftige Angehörige) oder eine gesundheitlich bedingte geringere Leistungsfähigkeit haben. Der Mensch mit endlichen Energiereserven muss als ebensolcher behandelt werden und seine Bedürfnisse durch eine reduzierte Arbeitszeit ausgleichen dürfen, ohne dabei Nachteile zu erfahren.

Gerade in den Care-Berufen zeigt sich, dass wir nicht nur einen grundlegenden Wandel der Arbeitszeiten, sondern auch der Arbeitsbedingungen brauchen, um unser gesellschaftliches System in Balance zu halten. Denn wenn wir weitermachen wie bisher, vergraulen wir all jene, die eigentlich Lust darauf haben, diese so wichtigen Jobs zu übernehmen. Eine wertschätzende Atmosphäre, in der Entwicklungen möglich sind und das Privatleben der Mitarbeitenden nicht vergessen wird, ist der erste Schritt. Folgen muss eine Anerkennung echter »Systemrelevanz«: Statt ihnen vom Balkon aus zu applaudieren, sollten wir die Menschen, die so unverzichtbar für uns sind, angemessen entlohnen und wertschätzend behandeln, damit sie nicht die Leidenschaft und Motivation verlieren, sondern mit ihrer Begeisterung andere anstecken, den gleichen Weg einzuschlagen. Die Politik muss hierfür die Rahmenbedingungen schaffen – in allen Branchen. Eine flexible Arbeitszeitgestaltung muss nicht nur normaler, sondern auch attraktiver für alle Beteiligten werden. Ich möchte hier aber mit Nachdruck betonen, dass es nicht um eine Arbeitszeitflexibilität aus Arbeitgeber*innensicht geht, in der die Angestellten *noch* flexibler für die Arbeit zur Verfügung stehen. Denn diese will das Gegenteil – nämlich, dass die Leute sich an die globalen Produktionszeiten anpassen. Das führt aber zu einer extremen Ausbeutung durch permanente Verfügbarkeit und im schlimmsten Fall auch dazu, dass die Arbeitszeit zum Überwachungsinstrument wird. Das wollen wir nicht. Wir wollen das starre System, das Präsenzkultur statt flexibler Arbeitszeiteinteilung voraussetzt, ablösen und Menschen die Möglichkeit eröffnen, ihre Arbeit an die sich verändernden Lebensumstände anzupassen. Diese Idee wird auch als »Roller Coasting Work«[72] bezeichnet und bedeutet: Wer gerade gute Voraussetzungen hat, gibt richtig Gas – und kann dann guten Gewissens in anderen Lebenssituationen einen Gang runterschalten.

Die Soziologin Karin Jurczyk hat ein ähnliches Konzept entwickelt: das »Optionszeitenmodell«. Sie erklärt im Interview mit dem Wirtschaftsmagazin *brand eins,* dass sie allen Menschen Auszeiten von bis zu sechs Jahren aus dem Berufsalltag ermöglichen möchte, beispielsweise für die Kinderbetreuung, ein Ehrenamt oder die Pflege Angehöriger. Diese sechs Jahre treten auch an die Stelle der aktuellen Möglichkeiten für berufliche Auszeiten, wie beispielsweise Elternzeit, Weiterbildungszeit oder Pflegezeit.[73]

Als Jutta Allmendinger mir vom Konzept der Lebensphasen-Jobs erzählte, ging sie sogar noch einen Schritt weiter.[74] Dahinter steht die Überlegung, dass unterschiedliche Berufe unterschiedliche Bedingungen voraussetzen und diese nicht immer in jeder Lebensphase abgedeckt werden können. Uns allen ist klar, dass Profisportler*innen ihren Beruf nicht bis zur Rente ausführen können.

Aber trifft das nicht auf viel mehr Bereiche zu? Es ist doch klar, dass ich für manche Jobs körperlich oder geistig besonders fit und für andere besonders erfahren sein muss. Eine Einteilung in Lebensphasenjobs könnte helfen, einer dauerhaften Überlastung entgegenzuwirken. Ein Beispiel aus dem Krankenhaus: Während ich körperlich fit sein muss, um Patienten im Bett umzulagern, ist für die Ausbildung von Pflegeschüler*innen besonders Erfahrung vonnöten. Es ist also sinnvoll, diese Aufgaben nach Lebensphase zu vergeben.

Die Umsetzung all dieser neuen Arbeitsmodelle wird nicht einfach. Denn traditionell sind Arbeitgebende eher unbeweglich. Doch wo ein Weiter-So zwar beliebt, aber keine praktische Option mehr ist, müssen wir die Politik in die Verantwortung nehmen, die die Weichen für einen Diskurs entsprechend stellen muss.

So wichtig diese Forderungen nach politischen Maßnahmen auch sind, dürfen wir dabei nicht vergessen, dass auch die Politik selbst ihre eigenen Strukturen hinterfragen muss. Wir können keine ach-so-vorbildlichen Rahmenbedingungen schaffen, die weniger auf Leistung und stärker auf Menschlichkeit und Solidarität ausgerichtet sind, wenn unsere Politiker*innen selbst ständig am Limit sind. Auch hier sind Veränderungen überfällig – beispielsweise humanere Arbeitszeiten, die Möglichkeit,

Auszeiten und Elternzeit zu nehmen, sowie eine deutlich verbesserte Vertretungskultur. Zudem könnten Spiel- und Stillzimmer in Parlamenten, eine gute Kinderbetreuung und politikfreie Sonntage dabei helfen, den Politikbetrieb attraktiver und weniger erschöpfend zu gestalten – denn auch das macht den Berufsstand attraktiver für einen Nachwuchs mit frischen Ideen, die wir heute dringender brauchen denn je.

Wie wir Fachkräftemangel bekämpfen

Wir haben bereits festgestellt, dass viele der Lösungen der hier bisher besprochenen Probleme direkt oder indirekt mit dem Fachkräftemangel in Verbindung stehen. Gleichzeitig sind die Gründe für den Mangel an qualifiziertem Personal vielschichtig mit unseren gesellschaftlichen Problemen verwoben – deshalb müssen wir auch multiple Lösungsansätze finden.

Wo also beginnen? Ein spannender Aspekt kommt dabei vom Deutschen Institut für Wirtschaftsforschung e. V. (DIW):

Tatsächlich wird die Tatsache, dass Frauen auf dem Arbeitsmarkt unterrepräsentiert sind, in der Diskussion rund um den Fachkräftemangel viel zu oft übersehen.[75] Umso wichtiger ist es daher, dass wir die Maßnahmen zur Geschlechtergerechtigkeit umsetzen und dafür sorgen, dass Frauen auf dem Arbeitsmarkt fair behandelt und vergütet werden, um dieses Potenzial zu nutzen. Das DIW fordert hierzu die Regierung auf, das Ehegattensplitting zu reformieren, da es aktuell dazu führt, dass es sich aus steuerlicher Sicht für viele Frauen nicht lohnt, (mehr) zu arbeiten. Denn während die einen völlig überlastet sind in ihren Jobs und Tag für Tag dem Burn-out näher kommen, gibt es zahlreiche Frauen, die gern mehr arbeiten würden, für die es sich aber entweder finanziell nicht lohnt oder denen die nötige

Kinderbetreuung fehlt, um ihrem Wunsch nach mehr Arbeit nachkommen zu können.

Deshalb plädiert das DIW auch für eine Infrastruktur an Kitas und Schulen, die Eltern, insbesondere Mütter, wirklich wählen lässt, wie viel sie arbeiten wollen.[76] Doch es geht um mehr als eine bessere Betreuung und faire Entlohnung. Denn nicht wenige Frauen verlieren die Lust, wenn der lokale »Boys Club« auf der Arbeit eine sexistische Atmosphäre schafft. Manchmal sind es aber auch die einfachen Dinge, die eine wahre Revolution darstellen: Die Einführung sogenannter Menstruationstage in Spanien beispielsweise erscheint so simpel – aber die zusätzlichen freien Tage werden für viele Frauen einen Riesenunterschied machen, die sich immer noch jeden Monat mit Schmerzmitteln zur Arbeit quälen. Diese Reform können wir gern in Deutschland übernehmen.

Natürlich sollten wir uns nicht nur auf die Frauen fokussieren, sondern allgemein auf die Geschlechterklischees, die mit der Berufswahl einhergehen.

Denn wir erinnern uns, nach wie vor ist es so, dass stereotype »Männerberufe« besser bezahlt sind und ein höheres Ansehen genießen, stereotype »Frauenberufe« hingegen oft weniger Geld und ein geringeres Ansehen bieten. Die Grundannahme, dass es sich gerade im Care-Bereich häufig um »ungelernte Arbeit, die jede Frau* verrichten kann«, handele, führt auch dazu, dass viele Männer vor ihnen zurückschrecken, um ihre Männlichkeitsbilder nicht infrage stellen zu müssen.[77] Kaum zu glauben, dass manche Menschen tatsächlich so denken, aber es zeigt, dass es umso wichtiger ist, diese Ungleichheiten aufzulösen, damit alle Geschlechter die Möglichkeit haben, in den Tätigkeitsfeldern zu arbeiten, die ihren Talenten, Fähigkeiten und Leidenschaften entsprechen.

Auch die Tatsache, dass der größte Fachkräftemangel gerade in den Berufen herrscht, die entweder sehr männlich oder sehr weiblich konnotiert sind, spricht dafür, dass wir die Geschlechterklischees radikal aufbrechen müssen, um mehr Offenheit herzustellen.[78] Um diese Entwicklung zu unterstützen, helfen bereits einige Kampagnen und Initiativen. So beispielsweise die Initiative Klischeefrei, die sich für eine geschlechtergerechte Berufs- und Studienwahl sowie Förderung anhand individueller Stärken und Interessen von Jugendlichen und jungen Erwachsenen engagiert.[79] Manche Firmen haben sich auch eigenständig auf den Weg gemacht und versuchen, dem Personalmangel zu kontern, indem sie gegen Geschlechterklischees vorgehen und Initiativen für mehr Frauenförderung und Diversität ins Leben rufen. Unternehmen müssen umdenken, wenn sie wettbewerbsfähig bleiben wollen. Sie müssen sich auf die Anforderungen der Arbeitnehmenden einstellen und in ihr Wohlergehen investieren. Denn durch attraktive Arbeitsbedingungen entsteht eine höhere Zufriedenheit, Mitarbeitende haben weniger Fehlzeiten, sprechen Empfehlungen aus und bleiben über viele Jahre loyal.

Wenn das Leben neue oder besondere Herausforderungen bereithält, sollten Unternehmen für die unterschiedlichen Lebenssituationen, in denen sich Mitarbeitende befinden, entsprechende Angebote bereitstellen. Es könnte standardisierte »Leistungspakete« für Zeiten der Familiengründung, der Pflege Angehöriger oder für eine Wiedereingliederung nach Krankheitszeiten geben. Teile dieses Leistungsangebots könnten beispielsweise ein Platz in einer Betriebs-Kita, Unterstützung bei der Beantragung von finanziellen Hilfen, Babysitting-Service, psychologische Unterstützung, Physiotherapie- und Sport-Angebote am Arbeitsplatz sein – und Freistellungszeiten, um diese wahrnehmen zu können.

Zudem ist es wichtig, dass Arbeitgeber*innen Menschen in ihrer Diversität ansprechen und bereits in der Außendarstellung, beispielsweise in Stellenausschreibungen und Werbematerialien, darauf achten, mehr Vielfalt zu präsentieren.

Schaffen wir es, mithilfe der Politik, all diese Veränderungen herbeizuführen, wäre das ein riesengroßer Schritt bei der Bekämpfung des Fachkräftemangels.

Allerdings haben wir unsere Rechnung bisher ohne den demografischen Wandel gemacht.

Denn »dank« ihm werden wir unseren Fachkräftebedarf nicht allein durch die Menschen im eigenen Land decken können. Deshalb sollten wir die Potenziale aus dem Ausland stärker anerkennen und wertschätzen. Dabei geht es nicht nur um »Human Resources«, sondern um Menschen. Menschen, die hier leben wollen, die zu Freund*innen, Familie oder Nachbar*innen werden – also zu einem Teil unserer Gesellschaft. Ein- oder Zuwanderung ist bereichernd und ein wichtiger Bestandteil, um den Fachkräftemangel auszugleichen.

Immer wieder hört man aus den konservativen und liberalen Lagern die Einschränkung, dass nur hoch ausgebildete Fachkräfte kommen sollten. IT-Spitzenkräfte, die uns bei der Digitalisierung helfen, beispielsweise.

Bloß ist es irgendwie paradox, dass bei hochqualifizierten Geflüchteten die Abschlüsse in Deutschland dann plötzlich nicht anerkannt werden, oder? Die deutsche Willkommenskultur sieht immer noch vielerorts so aus, dass sich Menschen, die in ihren Herkunftsländern Professuren innehatten, als Ärzt*innen oder Unternehmensleitungen gearbeitet haben, hierzulande als Reinigungskräfte oder Taxifahrer*innen nicht mal die

Wohnungsmiete leisten können. Wir schneiden uns ins eigene Fleisch, wenn die Anerkennung von Erwerbsbiografien und Abschlüssen aus dem Ausland nicht verbessert wird. Es mangelt an Weiterbildungs- und Qualifizierungsprogrammen, um den Fall von der Leitungsfunktion in fachfremde und schlecht bezahlte Bereiche abzumildern.

Doch es geht nicht nur um akademische Berufe – was ist mit Fachkräften aus der Altenpflege? Erzieher*innen? Qualifiziertem Personal in Handwerk oder Einzelhandel? Der Personalmangel ist überall sichtbar. In fast jedem Schaufenster hängt ein Zettel, auf dem Mitarbeitende gesucht werden.

Die Regierung setzte aber gerade bei wenig ausgebildeten Menschen lange Zeit auf den Ansatz: Wenn wir Fachkräfte brauchen, dürfen sie kommen – doch danach sollen sie bitte wieder verschwinden. Diese Erwartungshaltung, dass Menschen immer dann kommen, wenn wir sie brauchen, zum Spargelstechen oder Erdbeerpflücken, aber danach auch schnell wieder gehen sollen, ist meiner Ansicht nach menschenfeindlich und unmoralisch.

Ein richtiger und wichtiger Schritt ist deshalb das neue Fachkräfteeinwanderungsgesetz, das Ende März 2023 von der Bundesregierung beschlossen wurde. Dieses soll die Arbeitssuche für qualifizierte Fachkräfte erleichtern, indem mehr Möglichkeiten der Beschäftigung eröffnet sowie Bürokratie und Hürden abgebaut werden.[80]

Deutschland ist auf Einwanderung angewiesen und deshalb brauchen wir solch eine aktive Einwanderungspolitik. Mit einem modernen Einwanderungsgesetz, das neue Zugangswege für Bildungs- und Arbeitsmigration schafft, können wir endlich ein ehrliches Verfahren aufsetzen und Einwanderung zu einem integralen Bestandteil unseres Zusammenlebens machen. Integration ist der erste Schritt auf dem Weg zu gleichen Teilhabechancen.

Wir alle – und damit meine ich auch die Politik – müssen unsere Rahmenbedingungen anpassen und die gegenwärtigen Standards verändern. Alles hängt miteinander zusammen: das Aufbrechen der Machtstrukturen, die soziale Teilhabe, mehr Bildungsgerechtigkeit, die Bekämpfung von Armut und Diskriminierung, faire Löhne, neue Rollenbilder, eine gerechtere Lastenverteilung und eine moderne Einwanderungspolitik. Wenn wir unsere Erkenntnisse verknüpfen und endlich umfassend angehen, haben wir die Chance auf eine dauerhafte Lösung des Fachkräftemangels sowie einen Arbeitsmarkt mit mehr Gerechtigkeit und Menschlichkeit.

Die Umkehr lohnt sich
Wie wir endlich etwas bewegen

Teil 4

Krisenfest werden

Krisenzeiten sind nicht nur unangenehm, sie sind für viele Menschen existenziell bedrohlich und traumatisierend – doch es sind auch Zeiten, in denen gesellschaftliche Entwicklungen besonders schnell voranschreiten. Nicht zuletzt durch die Coronakrise haben wir gesehen, dass viel mehr möglich und umsetzbar ist, als wir dachten. Krisen zeigen aber auch, dass wir besser vorsorgen müssen, um ihnen so gut wie möglich vorzubeugen oder sie abzufedern.

Dafür gilt es, die bisherigen Erkenntnisse zu sammeln, zu reflektieren und – das betrifft vor allem Politiker*innen – sinnvolle Schlüsse für die Zukunft zu ziehen und entsprechend umzusetzen. Laut einer repräsentativen Umfrage im Auftrag der Barmer sind die größten Sorgen der Jugendlichen im Alter von 14 und 17 Jahren heute: Kriege, Klimawandel, Umweltverschmutzung und Energiekrisen.[1]

Zudem sitzen vielen Menschen der Schock der Pandemie und die Krisen der letzten Monate und Jahre noch in den Knochen. Dementsprechend groß ist die Erwartungshaltung, dass die Politik nun dafür sorgt, dass wir so schnell wie möglich krisenfest werden. In Bezug auf die jüngsten Erfahrungen bedeutet das: Wir müssen unser Gesundheitssystem neu aufstellen, systemrelevante Berufe stärken, die Wirtschaft wieder aufpäppeln, die Inflation eindämmen, unseren Beitrag dafür leisten, dass der Krieg in der Ukraine beendet wird, und eine nachhaltige, autarke und vor allem klimaneutrale Energieversorgung durchsetzen. Keine ganz kleine Aufgabe – und doch dürfen wir uns jetzt nicht wegducken.

Krisen haben einen plötzlichen, dramatischen und negativen Einfluss auf eine Person, eine Gruppe oder ganze Gesellschaften. Sie können unterschiedliche Formen annehmen wie Naturkatastrophen, politische Instabilität, wirtschaftliche Verwerfungen, Krankheiten oder auch persönliche Faktoren. Was sie jedoch alle gemeinsam haben: Sie erfordern schnelles Handeln, um die Bedrohung zu minimieren und die Schäden zu begrenzen. Und: Sie sind schwer vorhersehbar und nicht planbar. Die schlechte Nachricht ist daher, dass eine vollumfängliche Krisenprävention schwer bis unmöglich ist. Doch je krisenfester wir uns grundsätzlich aufstellen, desto besser sind wir geschützt. Damit alle was davon haben, müssen wir Freiheit, Gleichheit und Solidarität stärken – also eine wehrhafte Demokratie sein. Die Versorgung der Bevölkerung mit bezahlbarer Energie, Wasser, Lebensmitteln, Wohnraum und Krankenversorgung muss garantiert und die Sozial- und Gesundheitssysteme müssen gefördert und ausgebaut werden.

Das Finanzsystem muss so stabil sein, dass es uns vor Finanzkrisen, Währungskrisen und Armut schützt. Und: Wir müssen mit aller Kraft dazu beitragen, dass die Auswirkungen des Klimawandels gedämpft werden.

Das klingt nun alles nach einer echten Mammutaufgabe, bei der man schnell mit Rückzug und Resignation reagieren könnte. Doch es gibt Grund, positiv in die Zukunft zu schauen: Der Blogger und Journalist Sascha Lobo erklärte im *ZEIT*-Podcast *Alles gesagt?* im Dezember 2022, dass wir hinsichtlich des Klimawandels und anderer politischer Themen aufgrund der jungen Menschen optimistisch sein könnten:

> »Meine große Hoffnung [...] ist, dass [...] diese neuen Generationen so wahnsinnig clever sind in vielen Bereichen. Dass die so weltgewandt auf eine völlig andere Art sind, als die meisten Menschen das mitkriegen. [...] Mit dem Personal, das wir bisher haben, [...] wird es schwer oder unmöglich, irgendwas zu reißen [...]. Ich glaube, dass das mit den jüngeren Generationen leichter und schaffbarer wird.«[2]

Er begründet dies vor allem mit der digitalen Vernetzung, die er als einen »Zivilisationsfortschritt sondergleichen« bezeichnet. Junge Menschen hätten Übung darin, in Kameras zu sprechen, Feedback zu bekommen und öffentlichkeitswirksam zu agieren. Viele Herangehensweisen seien intuitiv anders als bei älteren Menschen, die gewisse Probleme, die ihnen groß erscheinen, einfach ignorierten, so der Publizist.

Ich glaube (und hoffe), dass Sascha Lobo in der Hinsicht richtigliegt. Durch das Aufwachsen in einer digitalisierten Welt, in der globales Denken und Kommunizieren selbstverständlich sind, bilden sich neue Denkmuster und Verbindungen, die durch alle Länder, Grenzen und Schichten hinweg funktionieren. Fridays for Future, Black Lives Matter oder auch die Freiheitsbewegung im Iran haben gezeigt, was für eine Kraft von dieser sozialen Vernetzung der jungen Menschen ausgeht. Und vielleicht liegt genau hier die beste Krisenprävention, die wir uns vorstellen können.

Doch wenn wir möchten, dass sich etwas verändert, können wir nicht allein auf die Einsichten der nächsten Generationen bauen. Wir haben auch eine Verantwortung unseren Kindern gegenüber, ihnen schon heute die bestmöglichen Startbedingungen für ihre Zukunft zu bieten. Es ist Zeit für eine Umkehr, Zeit für eine Revolte, Zeit für einen radikalen Wandel. Unsere Gesellschaft braucht einen neuen Konsens für ein gesundes Leben. Ein Leben, in dem wir es schaffen, uns von absurden Leistungserwartungen zu verabschieden und mehr gesellschaftliche Gerechtigkeit zu leben.

Wir haben nicht ewig Zeit. Unsere Ressourcen sind endlich, sowohl die unserer Erde als auch unsere menschlichen. Gerade in Zeiten des Fachkräftemangels stehen wir damit vor einem riesigen Problem. Denn die Menschen halten Belastungen auf Dauer nicht aus, kündigen, werden krank, geben auf. Auf diese Weise bricht das System zusammen.

Ich habe selbst erlebt, wie es ist, nicht mehr zu können. Gerade weil ich diese Erfahrung gemacht habe, ist es mir wichtig, diese Umkehr anzustoßen. Eine gesunde Gesellschaft profitiert nicht davon, wenn möglichst viele Menschen ausbrennen, sondern von einem Miteinander und einer solidarischen Arbeitsteilung.

Doch anstatt alles daranzusetzen, ein besseres Leben für alle anzustreben, beuten wir uns selbst und unsere Umwelt immer weiter aus. Wir sehen die Folgen bereits. Doch viel zu viele Politiker*innen schauen nach wie vor weg.

Manchmal fühle ich mich wie in dem Film *Don't look up*, in dem zwei Astronom*innen entdecken, dass in wenigen Monaten ein großer Komet die Erde zerstören wird – doch Politik und Medien stellen die beiden als unglaubwürdig dar. Selbst als der Komet bereits am Himmel sichtbar ist, verschließen die Menschen im wahrsten Sinne des Wortes die Augen und rufen: »Don't look up!« Man möchte beim Zuschauen am liebsten schreien und die Leute schütteln: *Schaut doch hin!*

Wir sind nicht mit einem zerstörerischen Kometen konfrontiert, der auf die Erde zurast, sondern mit unseren eigenen Entscheidungen und Strukturen. Und das ist am Ende eine gute Nachricht. Denn so haben wir die Chance auf eine Umkehr. Wir können einen Weg beschreiten, mit dem wir unsere Gesellschaft und unsere gesamte Politik zum Besseren verändern können.

Wir alle können etwas tun. Wir sind nicht machtlos, sondern haben mehr Einfluss, als wir denken. Und mit »wir« meine ich nicht nur uns Politiker*innen, sondern uns alle.

Es beginnt beim Blick nach innen. Wir sollten mit uns selbst aufmerksam und liebevoll umgehen, uns als so schön und wertvoll anerkennen, wie wir sind, statt uns zu triezen und immer wieder zu Höchstleistungen anzutreiben. Veränderung funktioniert von innen nach außen. Erst wenn wir verstanden haben, wie wichtig wir uns sein dürfen, können wir dafür kämpfen, dass jeder dieses Recht auf Selbstbestimmung haben sollte.

Zu diesem achtsamen Umgang mit sich selbst gehören Phasen der Ruhe und Entspannung, regelmäßige Digital-Detox-Auszeiten und auch die Auseinandersetzung mit den eigenen Privilegien und Sozialisierungen. *Critical Whiteness,* also die Frage, welche Rolle *weiße* Menschen einnehmen wollen, gehört ebenso dazu wie die Beschäftigung mit der Kolonialgeschichte oder mit toxischer Männlichkeit, um nur eine kleine Auswahl besonders drängender Felder zu nennen. Manchmal tut diese Selbstreflexion weh. Ich habe das auch erlebt. Doch sie hilft uns allen dabei, einen gesunden und diskriminierungsfreien Umgang miteinander zu entwickeln.

Um sowohl für sich selbst als auch für andere einzustehen, können sich Angestellte beispielsweise in Betriebsräten engagieren und mit Vorgesetzten Diskussionen anstoßen. Viele Unternehmer*innen freuen sich über Ideen und Gedanken, die eine Transformation der Unternehmenskultur anstoßen wollen – konstruktive Kritik ist bestenfalls eine Win-win-Situation für alle. Auch die Diskussionen im privaten Kreis sind nicht zu unterschätzen. Denn gerade hier sind Menschen potenziell offener für andere Positionen, wenn diese von Menschen geäußert werden, die man mag oder gar liebt. Jedes Wort hilft.

Des Weiteren können wir alle an Demos teilnehmen, Petitionen unterschreiben oder uns in politischen oder nicht-politischen Initiativen engagieren. Es ist wichtig, Politiker*innen anzusprechen und auch untereinander viel miteinander zu reden. Jede*r kann einen Unterschied machen. Engagement verpufft nicht im Orbit, versprochen. Wer Gutes bewirken will, wird gesehen. Zudem gibt Engagement dem eigenen Leben Sinn und wirkt sich damit positiv auf das eigene Wohlbefinden aus.

Wer in der Forschung tätig ist, kann wichtige Projekte anstoßen, die als Entscheidungsbasis für die Politik relevant werden könnten. Wer journalistisch arbeitet, kann kritisch berichten. Jede*r kann etwas tun.

Ich bin Politikerin mit Leib und Seele. Und ich weiß, dass es an uns Politiker*innen liegt, den so wichtigen Weg vorzugeben. Er wird hart, lang und steinig, aber es gibt meiner Ansicht nach keine Alternative. Ich habe in diesem Buch einige Ideen für die Umkehr dargelegt. Viele Themenfelder sind in ihrer Dringlichkeit nicht mehr zu ignorieren, und ich glaube, dass es bereits viele sehr gute Gedanken von zahlreichen Expert*innen gibt, die es nun gilt umzusetzen.

Ich will mir nicht anmaßen, dass ich den optimalen Leitfaden erstellen kann – aber ich habe erste Anhaltspunkte dafür gegeben, in welche Richtung es gehen könnte.

Eines ist hoffentlich deutlich geworden: Es muss etwas passieren. Wir müssen Wege finden, wie uns eine Abkehr vom entfesselten Wettbewerb gelingt. Kommerz, Leistungswahn, grenzenloses Wachstum, klimaschädliches Verhalten – all die Dinge, die den kapitalistischen Prinzipien entsprechen, machen unser Sozialgefüge kaputt: Sie machen uns müde und treiben uns in ein System der Selbst- und Fremdausbeutung. Doch gerade weil so gut wie alle unsere gesellschaftlichen Strukturen von diesen Prinzipien durchsetzt sind, ist es so schwer, ihnen zu entkommen oder Alternativen zu erkennen. Ich fordere eine erhebliche Umverteilung und Dämpfung des ungezügelten Kapitalismus. Ich glaube, diese »Bändigung« ist nötig, damit wir alle eine Chance auf ein zufriedenes, würdiges Leben haben.

Dafür sollten wir unser Zusammenleben radikal ändern: anders lernen, denken, sprechen, essen, arbeiten und leben. Natürlich geht das nicht von heute auf morgen. Natürlich braucht es Zeit und Geduld. Und natürlich finden das auch nicht alle toll. Deshalb sollten wir mutig vorangehen und zeigen, dass diese radikalen Schritte letztendlich mehr Raum für Freund*innen, Beziehungen, Genuss und gesundes Leben schaffen.

Wir als Politiker*innen müssen Vorbilder sein und die Grundlagen legen, damit Gerechtigkeit und ein solidarisches Miteinander ohne die Selbstausbeutung vieler gelingen können. Nach meinem Rücktritt habe ich vieles verändert – und es hat mir unglaublich gutgetan. Ob das nur daran liegt, dass ich jetzt weniger Verantwortung trage? Nein. Ich bin davon überzeugt, dass ich mit meinem heutigen Wissen auch meinen alten Job anders gestalten würde. Und es ist wichtig, dass noch mehr Politiker*innen diesen Schritt wagen. Denn die Politik muss sich an die eigene Nase fassen und die politischen Strukturen und Gewohnheiten radikal ändern, damit die klügsten, mutigsten und ambitioniertesten Menschen bereit sind, Verantwortung zu übernehmen, und nicht vor den menschenfeindlichen Bedingungen zurückschrecken. Wir sollten vorleben, dass eine gesunde Arbeitswelt die Basis für ein zufriedenes und gesundes Leben ist und darüber hinaus auch noch zu besser durchdachten und nachhaltigen Entscheidungen führt.

Peter Dausend attestiert in seinem bereits erwähnten *ZEIT*-Artikel dem gegenwärtigen Politikbetrieb, dass »[a]us der Sucht nach Politik [...] die Flucht vor den Zuständen« würde.

Genau darum geht es. Es sind nicht die inhaltlichen Herausforderungen, sondern die Zustände, die in der Politik so viele Menschen in die Erschöpfung treiben.

Ich habe inzwischen gelernt, auf mich aufzupassen, und habe ein Gefühl dafür entwickelt, wie und wann ich meine Energiereserven wieder aufladen kann. Vor allem weiß ich, dass es in Ordnung ist, Pausen zu machen und ein Leben mit Freunden und Familie neben dem Beruf zu haben. Svenja Gräfen beschreibt in *Radikale Selbstfürsorge,* dass ausreichend Zeit für Pausen, Erholung und Schlaf »überlebenswichtig«[3] ist.

Gerade weil *die Leistungsgesellschaft dir keine Pausen zugesteht, ist es umso wichtiger und durchaus ermächtigend, dass du sie dir* selbst *zugestehst. [...] Und wenn Schlaf als nutzlos oder unnötig gilt – was aus kapitalistischer Sicht schon einleuchtend ist, denn wer schläft, arbeitet und konsumiert nicht –, dann macht das den simplen Akt des Schlafens zu einer kleinen Rebellion.*[4]

Ich habe mich neben einer neuen Balance aus Privatleben und Arbeit mit meinen Fehlern und der Fehlerkultur beschäftigt und hinterfrage meine eigenen toxischen Verhaltensweisen mit dem Ziel, sie abzulegen. Natürlich geht das nicht von jetzt auf gleich, es ist vielmehr ein Prozess. Beispielsweise habe ich mir angewöhnt, nach Feierabend keine E-Mails mehr für die Arbeit zu checken. Zudem spreche ich offen darüber, wenn es mir gerade nicht gut geht und von mir gerade keine volle Leistungsfähigkeit zu erwarten ist. Das sind nur kleine Schritte. Doch anfangs wirken selbst solche einfachen neuen Verhaltensweisen noch sehr ungewohnt. Aber sie tun gut und machen nach einer Weile, wenn das schlechte Gewissen endlich mal die Klappe hält, richtig Spaß. Und mehr Spaß könnten wir alle gebrauchen, um auf Dauer den Kampf für eine bessere Welt durchzuhalten.

Bei diesem Kampf geht es übrigens nicht darum, immer alles mit sich selbst auszumachen. Niemand kann allein die Welt retten. Wer krank, überlastet oder überfordert ist, darf und sollte sich erholen. Wir sollten vielmehr füreinander einstehen und Solidarität leben, statt auch beim Einsatz für das Gute wieder in die alten Muster der Selbstausbeutung zu rutschen.

Der Kampf für eine bessere Welt – genau das ist und bleibt mein Plan. Deshalb werde ich weitermachen. Wie genau? Ich weiß es noch nicht. So viel ist aber sicher: Ich werde mich weiterhin dafür einsetzen, dass jeder Mensch nicht nur auf dem Papier, sondern in der Realität die Chance bekommt, sich frei entfalten zu dürfen, ohne dabei von unsichtbaren Schranken oder Diskriminierungen ausgebremst zu werden. Die Diskussion, die in diesem Buch nur begonnen wurde, muss in die Politik getragen und weitergeführt werden. Wir sind als Politiker*innen dafür zuständig, die notwendigen Grundlagen zu legen und die Umkehr anzustoßen. Als Bürger*innen können wir alle viel dazu beitragen, damit das gelingt. Indem wir unsere Gesellschaft aktiv mitgestalten, die Stimme erheben, widersprechen, wenn uns etwas nicht passt, und für unsere Werte einstehen. Wir können das System ändern, statt uns dem System zu beugen.

Wir können das besser. Wir müssen nur anfangen.

Los geht's!

Dank

Als Politikerin gehört es zu meinem Leben, immer wieder vor neue Herausforderungen gestellt zu werden, neue Menschen und Orte kennenzulernen, Erfahrungen zu sammeln sowie meinen Blick auf die Welt und unsere Gesellschaft zu hinterfragen, zu erweitern und neu zu justieren. All das ist mit diesem Buch im Schnelldurchlauf geschehen. Auch wenn ich es eigentlich nie geplant hatte.

Denn hätte die Literaturagentin Christine Proske mich im Mai 2022 nicht gefragt, ob ich mir vorstellen könnte, ein Buch zu schreiben, würden Sie dieses Exemplar heute höchstwahrscheinlich nicht in den Händen halten.

Sie war es auch, die Anna Maas und mich zusammenbrachte. Denn für mich war von Anfang an klar, dass ich dieses Buch nicht allein schreiben würde. Das ganze Projekt war viel zu groß und zu aufregend, sodass ich sehr dankbar war, Unterstützung zu bekommen.

So kam es, dass ich in den vergangenen Monaten diesen spannenden (und ehrlicherweise auch ziemlich anstrengenden) Prozess zusammen mit vielen tollen Menschen erleben durfte.

Auch wenn mein Name auf dem Cover steht, sind am Entstehungsprozess dieses Buches viele Menschen beteiligt. Allen voran möchte ich deshalb Christine Proske danken, die mich bei allen Höhen und Tiefen der letzten Monate begleitet und beraten hat. Sie stand mir immer wieder mit Rat und Tat zur Seite – egal, ob es um Verhandlungen ging, wir den Kurs des Buches diskutierten oder ich einfach nur ein offenes Ohr brauchte. Danke auch an Anna Maas. Ohne sie wäre dieses Buch noch viel weniger möglich gewesen. Denn während ich reden kann wie ein Wasserfall, schafft sie es wie keine andere, meine Worte zu Papier zu bringen. Anna und ich haben unendlich viele Stunden geredet, diskutiert, Artikel ausgetauscht – und sind dann thematisch doch regelmäßig bei unseren kranken Kindern und dem Struggle der Elternschaft gelandet, sodass es sich schon anfühlt wie Familie. Anna hat mir mit einer unglaublichen Geduld in endlosen Überarbeitungsschleifen geholfen, meine Gedanken zu ordnen und ins geschriebene Wort umzusetzen. Das war keine Selbstverständlichkeit. Ich bin dir zutiefst dankbar, liebe Anna, dass du mich auf diesem Prozess begleitet und daraus tatsächlich noch ein lesbares Buch gemacht hast.

Mein Dank gilt zudem dem gesamten Kösel-Verlag, in dem viele Menschen an unterschiedlichen Stellen zum Erfolg dieses Buches beigetragen haben. Allen voran geht mein Dank an Max Bachmann für sein ausgiebiges, kritisches und konstruktives Lektorat, das unserem Buch erst die richtige Form gegeben hat.

Danke an Lea, Chiara, Lennard und Marlene für ihre Unterstützung, ihren Blick, ihre Recherchen und das kritische Hinterfragen meiner Ideen.

Danke an meine zahlreichen Gesprächspartner*innen, unter anderem Johannes Vogel, Beate Müller-Gemmeke, Jutta Allmendinger, Sigrid Nikutta, Frank Bsirske, Johannes Dankert und Helene Bubrowski, die mir Einblicke in ihre Gedanken und Erfahrungen gegeben haben. Ohne sie wäre dieses Buch um einige Perspektiven ärmer.

Danke an alle Journalist*innen, die mich mit ihren Fragen zum Nachdenken gebracht haben, und an all die Menschen, die mich inspiriert haben, die mir Mails und Briefe geschrieben haben und mit denen ich diskutiert habe.

Mein tiefster Dank gilt meiner Familie. Meinem Mann, der mir den Rücken freihält, wenn ich schon wieder am Wochenende arbeite, und meinen Kindern, die es sogar akzeptiert haben, dass ich in den Osterferien auf der Insel immer und immer wieder stundenlang am Skript arbeiten musste.

Dieses Buch zu schreiben, war ein wunderbares, herausforderndes Erlebnis. Es hat mich viel Kraft gekostet und mir viel Kraft gegeben. Es war ein Prozess, der mich dazu gebracht hat, Situationen immer wieder zu hinterfragen und meine internalisierten Einstellungen zu überdenken. Ich weiß aus eigener Erfahrung, dass es nicht immer einfach ist, tief verankerte Denkmuster zu durchbrechen. Deswegen möchte ich auch Ihnen danken, liebe Leser*innen. Dafür, dass Sie sich die Zeit nehmen, mein Buch zu lesen. Dafür, dass Sie die bestehenden Strukturen hinterfragen, sich Gedanken machen und diese teilen. Denn ein Systemwandel funktioniert nur, wenn wir ihn gemeinsam anpacken.

Quellen und Lesenswertes

Vorwort

1   vgl. z. B. Mayr-Keber, Franziska und Griessler, Constanze: Die erschöpfte Gesellschaft (17.07.2020). URL: www.3sat.de/gesell schaft/politik-und-gesellschaft/die-erschoepfte-gesellschaft-100. html (Stand: 17.04.2023)

2   Zum Weiterlesen: Die »Fibel Echte Vielfalt« vom Deutschen Institut für Sozialwissenschaft. URL: https://echte-vielfalt.de/aufklae rung-und-bildung/fibel-echte-vielfalt/ (Stand: 31.05.2023)

Teil 1: Status Quo
Der drohende Kollaps

1   Web.de: Angela Merkel erleidet weiteren Zitteranfall: Das sagt die Kanzlerin dazu (11.07.2019). URL: https://web.de/maga zine/politik/angela-merkel-erleidet-zitteranfall-33834584 (Stand: 31.05.2023)

2   vgl. McKinsey-Umfrage: Ein Drittel der Beschäftigten denkt an Kündigung (21.12.2022). URL: www.mckinsey.com/de/news/ presse/ 2022-12-21-great-attrition-deutschland (Stand: 30.05.2023) und Kranz, Beate: Unzufrieden im Job: So viele haben innerlich gekündigt (22.03.2023). URL: www.morgenpost.de/wirtschaft/ar ticle237950243/job-arbeitsmarkt-kuendigung-befragung-zahlen-unzufriedenheit.html (Stand: 30.05.2023)

3   Wöhrle, Christoph: Familienfeindlicher Bundestag (17.01.2020). URL: www.zeit.de/arbeit/2019-12/familie-beruf-bundestag-katja-

kipping-swen-schulz-vereinbarkeit/komplettansicht#-1 (Stand: 17.04.2023)

4 Gutensohn, David: Schneller als der Burn-out (19.01.2023). URL: www.zeit.de/arbeit/2023-01/jacinda-arder-neuseeland-premiermi nisterin-ruecktritt (Stand: 17.04.2023)

5 Ebd.

6 vgl. ZDF/dpa: Darauf hat sich die Ampel geeinigt (28.03.2023). URL: www.zdf.de/nachrichten/politik/ampel-koalitionsaus schluss-streit-beschluss-100.html (Stand: 30.05.2023)

7 Schlenz, Kester: Silvana Koch-Mehrin über sexuelle Übergriffe in der FDP: »Ja, ich wurde angefasst. Einfach so« (04.10.2022). URL: www.stern.de/politik/deutschland/silvana-koch-mehrin-spricht-ueber-sexuelle-uebergriffe-in-der-fdp-32754056.html?cc_bust=9611504 (Stand: 20.06.2023)

8 Kipping, Katja: »Die 90-Stunden-Woche ist eine Unkultur« (11.06.2018). URL: www.emotion.de/leben-arbeit/was-frauen-for dern/katja-kipping-die-90-stunden-woche-ist-eine-unkultur#-1 (Stand: 17.04.2023)

9 Ebd.

10 Ebd.

11 Gohlke, Nicole: Nicole Gohlke verzichtet auf mehr Verantwor tung im Bundestag (30.05.2018). URL: www.emotion.de/leben-arbeit/was-frauen-fordern/nicole-gohlke-verzichtet-auf-mehr-ver antwortung-im-bundestag#-1 (Stand: 17.04.2023)

12 Hagen, Kevin: »Der Preis ist zu hoch« (07.11.2019). URL: www.spiegel.de/politik/deutschland/anke-domscheit-berg-ueber-ar beitsbedingungen-im-bundestag-preis-ist-zu-hoch-a-1295419. html#-1 (Stand: 17.04.2023)

13 Ebd.

14 Wöhrle, Christoph: Familienfeindlicher Bundestag (17.01.2020). URL: www.zeit.de/arbeit/2019-12/familie-beruf-bundestag-katja-kipping-swen-schulz-vereinbarkeit/komplettansicht#-1 (Stand: 17.04.2023)

15 Dausend, Peter: Die Erschöpften (22.06.2022). URL: www.zeit.de/2022/26/politiker-stress-burn-out-hass-hetze (Stand: 17.04.2023)

16 Ebd.

17 Hensel, Jana: Das Fuck-up-Tabu (11.09.2022). URL: www.zeit.de/politik/deutschland/2022-09/fehler-politik-robert-habeck-ampel-koalition/komplettansicht#-1 (Stand: 17.04.2023)

18 TK-Stressstudie 2021: »Entspann dich, Deutschland!«. URL: www.tk.de/presse/themen/praevention/gesundheitsstudien/tk-stressstudie-2021-2116458 (Stand: 17.04.2023)

19 Statista: Anzahl der Personen in Deutschland, die das Gefühl haben, in einer gehetzten Zeit zu leben, von 2018 bis 2022. URL: https://de.statista.com/statistik/daten/studie/171247/umfrage/ge fuehl-von-zeitnot/ (Stand: 17.04.2023)

20 vgl. STRIVE Magazine, Ausgabe 06/2022, S. 31.

21 Ebd.

22 DAK: Neuer Höchststand bei Fehltagen durch psychische Erkrankungen in 2021. URL: www.dak.de/dak/bundesthemen/psychre port-2022-2533048.html#/ (Stand: 17.04.2023)

23 RKI: Entwicklung der psychischen Gesundheit während der CO-VID-19-Pandemie (11.10.2022). URL: www.rki.de/DE/Content/Service/Presse/Pressemitteilungen/2022/05_2022.html (Stand: 17.04.2023)

24 vgl. Barmer Arztreport 2018 – Rund eine halbe Million Studenten psychisch krank (22.02.2018). URL: www.barmer.de/presse/in fothek/studien-und-reporte/arztreporte/arztreport2018-1056488 (Stand: 30.05.2023)

25 vgl. SPIEGEL: Immer mehr Menschen wegen psychischer Erkrankungen arbeitsunfähig (24.04.2019). URL: www.spiegel.de/kar riere/psychische-erkrankungen-immer-mehr-menschen-berufs unfaehig-a-1264152.html (Stand: 30.05.2023)

26 Mayr-Keber, Franziska und Griessler, Constanze: Die erschöpfte Gesellschaft (17.07.2020). URL: www.3sat.de/gesellschaft/politik-und-gesellschaft/die-erschoepfte-gesellschaft-100.html (Stand: 17.04.2023)

27 vgl. Jakob, Julia: Quiet Quitting – Was bedeutet das eigentlich? (22.11.2022). URL: www.ndr.de/kultur/kulturdebatte/Quiet-Quit ting-Was-bedeutet-das-eigentlich,quietquitting100.html (Stand: 30.05.2023)

Teil 2: Die kollektive Erschöpfung
Ein Erklärungsversuch

1 Deutschlandfunk Kultur: Immer gestresst, chronisch erschöpft. URL: www.deutschlandfunkkultur.de/das-burn-on-syndrom-

immer-gestresst-chronisch-erschoepft-100.html#-1 (Stand:
27.04.2023)

2 titel, thesen, temperamente: Ein Versuch über die Müdigkeit.
URL: www.daserste.de/information/wissen-kultur/ttt/videos/es-
say-mue
digkeit-video-100.html, ab 5:10 min. (Stand: 27.04.2023)

3 Zwar zielt der Artikel darauf ab, Rassismus zu bekämpfen, dennoch ist die Nennung des Begriffs »Rasse« höchst umstritten.
Die Frage, ob der Begriff aus der Verfassung gestrichen werden
sollte, wird heiß diskutiert. Vgl. auch: Institut für Menschen-
rechte: Begriff »Rasse«. URL: www.institut-fuer-menschenrechte.
de/themen/rassistische-diskriminierung/begriff-rasse (Stand:
30.05.2023) und Kirsch, Daniel: Darf der Begriff »Rasse« im
Grundgesetz stehen? (22.05.2023). URL: www.zdf.de/nachrich
ten/panorama/grundge
setz-diskussion-begriff-rasse-100.html (Stand: 30.05.2023)

4 Grundgesetz für die Bundesrepublik Deutschland, Artikel 3.
URL: www.bundestag.de/gg (Stand: 27.04.2023)

5 vgl. Steinke, Ronen: Vor dem Gesetz sind nicht alle gleich: Die neue
Klassenjustiz, 4. Auflage, Berlin/München: Berlin Verlag, 2022,
S. 187 ff.

6 vgl. DIW Berlin Pressemitteilung: »Familiärer Hintergrund hat
großen Einfluss auf Zukunftschancen«. URL: www.diw.de/de/
diw_01.c.100319.de/presse/pressemitteilungen/pressemitteilun
gen.html?id=diw_01.c.414647.de (Stand: 27.04.2023)

7 vgl. Fraser, Nancy: Der Allesfresser – Wie der Kapitalismus seine
eigenen Grundlagen verschlingt, Berlin: Suhrkamp, 2023.

8 Mehr psychische Krankheiten durch Corona (17.06.2022). URL:
www.tagesschau.de/ausland/europa/who-corona-anstieg-psychi
sche-krankheiten-101.html (Stand: 27.04.2023)

9 Weber, Max: Max-Weber-Gesamtausgabe, Band I/23: Wirtschaft
und Gesellschaft. Soziologie. Unvollendet. 1919–1920. Hrsg. v.
Knut Borchardt, Edith Hanke u. Wolfgang Schluchter. Tübingen:
Mohr Siebeck, 2019, S. 210.

10 vgl. bpb Politiklexikon: »Macht«. URL: www.bpb.de/kurz-knapp/
lexika/politiklexikon/17812/macht/ (Stand: 27.04.2023)

11 vgl. Maria Mies: Patriarchat und Kapital, 5. Auflage. Rotpunktver-
lag, Zürich 1996, Erstveröffentlichung 1988.

12 vgl. Wiggenbröker, Claudia: Sind andere Länder arm, weil wir reich sind? (17.12.2020). URL: www.quarks.de/gesellschaft/sind-andere-laender-arm-weil-wir-reich-sind/ (Stand: 30.05.2023)

13 Bundeszentrale für politische Bildung – Jobs, Sebastian: »Sklaverei und Sklavenhandel« (20.05.2016). URL: www.bpb.de/themen/kolonialismus-imperialismus/postkolonialismus-und-globalge schichte/219137/sklaverei-und-sklavenhandel/ (Stand: 27.04.2023)

14 McIntosh, Peggy: Examining Unearned Privilege, in: Liberal Education vol. 70, no.1 (Winter 1993), S. 61–63.

15 vgl. Luyendijk, Joris: De zeven vinkjes, 4. Auflage, Uitgeverij Pluim, 2022, S. 91.

16 Dr. Auma, Maisha-Maureen: »Kimberlé Crenshaws Einfluss auf mein gerechtigkeitsstrategisches Denken« (15.04.2019). URL: www.gwi-boell.de/de/2019/04/15/kimberle-crenshaws-einfluss-auf-mein-gerechtigkeitsstrategisches-denken (Stand: 27.04.2023)

17 vgl. Gunda-Werner-Institut für Feminismus: »Intersektionalität«. URL: www.gwi-boell.de/de/intersektionalitaet (Stand: 27.04.2023)

18 Vgl. Interview mit Handan Kaymak: Widerstand ist auch ein Lernprozess (Bildungsmaterialien »Intersektionalität« der Rosa-Luxemburg-Stiftung, Dezember 2016). URL: www.rosalux.de/fileadmin/rls_uploads/pdfs/Bildungsmaterialien/RLS-Bildungsma terialien_Intersektionalitaet_12-2016.pdf (Stand: 30.05.2023)

19 Gümüsay, Kübra: Sprache und Sein. Berlin: Hanser, 2020, S. 65.

20 Ebd., S. 73.

21 Ogette, Tupoka: Und jetzt du. Zusammen gegen Rassismus, München: Penguin, 2023 (Taschenbuchausgabe), S. 108.

22 Gümüsay, Kübra: Sprache und Sein. Berlin: Hanser, 2020, S. 74.

23 vgl. Mayr, Anna: Die Elenden. Warum unsere Gesellschaft Arbeitslose verachtet und sie dennoch braucht, München: Hanser Berlin, 2020, S. 10.

24 Institut für Demokratie und Zivilgesellschaft: »Diskriminierung und ihre Auswirkungen für Betroffene und die Gesellschaft« (14.12.2017). URL: www.idz-jena.de/pubdet/wsd2-4 (Stand: 27.04.2023)

25 Bertelsmann Stiftung: »Neue Zahlen zur Kinder- und Jugendarmut: Jetzt braucht es die Kindergrundsicherung« (26.01.2023). URL: www.bertelsmann-stiftung.de/de/themen/aktuelle-meldun gen/2023/januar/neue-zahlen-zur-kinder-und-jugendarmut-jetzt-braucht-es-die-kindergrundsicherung (Stand: 27.04.2023)

26 AllBright Stiftung: »Fakten«. URL: www.allbright-stiftung.de/fak
ten (Stand: 27.04.2023)

27 vgl. u. a. Deutschlandfunk – Reitz, Michael: »Noch feinere Unterschiede?« (26.11.2017). URL: www.deutschlandfunk.de/das-den
ken-pierre-bourdieus-im-21-jahrhundert-noch-feinere-100.html
(Stand: 27.04.2023)

28 Rauschenberger, Pia und Tran, Trang Thu: Die unangenehme
Wahrheit sozialer Ungerechtigkeit (27.06.2019). URL: www.
deutschlandfunkkultur.de/psychologie-und-privilegien-die-un
angenehme-wahrheit-100.html (Stand: 20.06.2023)

29 Vgl. Gerechte-Welt-Glaube, in: Dorsch Lexikon der Psychologie.
URL: https://dorsch.hogrefe.com/stichwort/gerechte-welt-glaube
(Stand: 20.06.2023)

30 Bundesamt für Migration und Flüchtlinge: »Muslimisches Leben
in Deutschland ist vielfältig« (28.04.2021). URL: www.bamf.de/
SharedDocs/Meldungen/DE/2021/210428-am-interview-for
schungsbericht-mld2020.html?nn=282388 (Stand: 27.04.2023)

31 vgl. Deutscher Bundestag: Alters- und Sozialstruktur. URL: www.
bundestag.de/dokumente/parlamentsarchiv/datenhandbuch/03/
kapitel-03-475934 (Stand: 27.04.2023)

32 Ebd.

33 Statistisches Bundesamt: Bevölkerung nach Nationalität und Geschlecht. URL: www.destatis.de/DE/Themen/Gesellschaft-Um-
welt/Bevoelkerung/Bevoelkerungsstand/Tabellen/deutsche-nicht-
deutsche-bevoelkerung-nach-geschlecht-deutschland.html (Stand:
27.04.2023)

34 vgl. The Hillman Foundation: »Miami Herald wins December
Sidney for Exposing Alex Acosta's Sweetheart Deal with Multimil-
lionaire Sex Offender« (12/2018). URL: https://hillmanfounda
tion.org/sidney-awards/miami-herald-wins-december-sidney-ex
posing-alex-acosta-sweetheart-deal (Stand: 27.04.2023)

35 vgl. u. a. Handelsblatt.com: »Winterkorn erhält 3100 Euro
Rente – am Tag« (04.01.2017). URL: www.handelsblatt.com/
unternehmen/management/volkswagen-winterkorn-erhaelt-
3100-euro-rente-am-tag/19208366.html (Stand: 27.04.2023)

36 Vgl. u. a. Marks, Melanie (BR), Eckert, Svea (NDR) und Grill,
Markus (NDR): Ins Gefängnis fürs Fahren ohne Ticket
(18.05.2022). URL: www.tagesschau.de/investigativ/ndr/armuts-
delikte-geldstrafen-haft-101.html (Stand: 30.05.2023)

37 Berliner Abgeordnetenhaus, Protokoll 18/2, 24.11.16, S. 50.

38 Vgl. Wiedemann, Carolin: Abtreiben gegen Deutschland. Erschienen im Missy Magazine, Juli 2019. Online abrufbar, URL: https://carolinwiedemann.com/portfolio/abtreiben-gegen-deutschland/ (Stand: 04.07.2023)

39 Vgl u. a. Vervecken, D. & Hannover, B. (2015). Yes I can! Effects of gender fair job descriptions on children's perceptions of job status, job difficulty, and vocational self-efficacy. Social Psychology, 46, 76–92 und Smiljanic, Mirko: Kann Sprache Wirklichkeit schaffen? (30.09.2021). URL: www.deutschlandfunk.de/linguistik-und-gender-debatte-kann-sprache-wirklichkeit-100.html (Stand: 30.05.2023)

40 bpb Politiklexikon: »Emanzipation«. URL: www.bpb.de/kurz-knapp/lexika/das-junge-politik-lexikon/320196/emanzipation/ (Stand: 27.04.2023)

41 Criado-Perez, Caroline: Unsichtbare Frauen. Wie eine von Daten beherrschte Welt die Hälfte der Bevölkerung ignoriert, 6. Auflage, München: btb, 2020, Klappentext.

42 Vgl. Ebd., S. 11 ff.

43 Schutzbach, Franziska: Die Erschöpfung der Frauen. Wider die weibliche Verfügbarkeit, München: Droemer, 2021, S. 21.

44 Vgl. Ebd., S. 22.

45 Cicero – Pusch, Luise: »Für eine gerechte Sprache« (23.09.2020). URL: www.cicero.de/kultur/sprache-geschlecht-gendern-gerechtigkeit-maenner-oeffentlich-rechtlicher-rundfunk-luise-pusch (Stand: 27.04.2023)

46 Ebd.

47 Universität Würzburg: »Experiment: male bias durch generisches Maskulinum« (12.04.2022). URL: www.uni-wuerzburg.de/aktuelles/einblick/single/news/experiment-male-bias-durch-generisches-maskulinum/ (Stand: 27.04.2023)

48 Ebd.

49 vgl. Refinery29 – Grujić, Ana: »Wird man als Frau nur erfolgreich, wenn man sich verhält wie ein Mann?« (22.05.2017). URL: www.refinery29.com/de-de/wird-man-als-frau-nur-erfolgreich-wenn-man-sich-verhaelt-wie-ein-mann (Stand: 27.04.2023)

50 Statistisches Bundesamt: Frauen in Führungspositionen. URL: www.destatis.de/DE/Themen/Arbeit/Arbeitsmarkt/Qualitaet-Arbeit/Dimension-1/frauen-fuehrungspositionen.html (Stand: 27.04.2023)

51 vgl. Statista: Frauenanteil in Vorständen der DAX-Unternehmen (DAX-30/DAX-40) in Deutschland von 2008 bis 2022. URL:
https://de.statista.com/statistik/daten/studie/409010/umfrage/
frauenanteil-in-dax-vorstaenden/ (Stand: 27.04.2023)

52 Statistisches Bundesamt: Gender Pay Gap 2022: Frauen ver-
dienten pro Stunde 18 % weniger als Männer (30.01.2023).
URL: www.destatis.de/DE/Presse/Pressemitteilungen/2023/01/
PD23_036_621.html (Stand: 27.04.2023)

53 Statistisches Bundesamt: 66 % der erwerbstätigen Mütter arbeiten Teilzeit, aber nur 7 % der Väter (07.03.2022). URL: www.desta
tis.de/DE/Presse/Pressemitteilungen/2022/03/PD22_No12_12.
html (Stand: 27.04.2023)

54 Kleven, Henrik; Landais, Camille; Posch, Johanna; Steinhauer,
Andreas und Zweimüller, Josef: Child Penalties Across Countries:
Evidence and Explanations (03/2019). URL: www.henrikkle
ven.com/uploads/3/7/3/1/37310663/klevenetal_aea-pp_2019pdf
(Stand: 27.04.2023)

55 Vgl. Keller, Gerti: Gender Pay Gap in der Medizin: 30 Prozent!
(30.06.2021). URL: https://aerztestellen.aerzteblatt.de/de/redak
tion/gender-pay-gap-medizin (Stand: 31.05.2023)

56 Vgl. Bundesarchitektenkammer: Neue Zahlen zeigen: Die
Gründe sind vielfältig, doch die Ungleichheit bleibt (26.02.2021).
URL: https://bak.de/presse/pressemitteilungen/gender-pay-gap-
in-der-architektur-2020/ (Stand: 31.05.2023)

57 vgl. ZDF.de: »Gleicher Lohn: Urteil stärkt Frauen« (16.02.2023).
URL: www.zdf.de/nachrichten/wirtschaft/bundesarbeitsgericht-
gleichstellung-gender-pay-gap-gehalt-frauen-100.html (Stand:
27.04.2023)

58 Zykunov, Alexandra: Wir sind doch alle längst gleichberechtigt!
Berlin: Ullstein, 2022, S. 167.

59 www.econstor.eu/bitstream/10419/183109/1/1032551453.pdf, S.
21 f.

60 Steele, Claude M.: A Threat in the Air. How Stereotypes Shape
Intellectual Identity and Performance, American Psychologist,
Ausgabe 06/1997, S. 619 f. URL: https://www2.nber.org/sewp/
events/2005.01.14/Bios+Links/Krieger-rec5-Steele_Threat-in-the-
Air.pdf#-1 (Stand: 27.04.2023)

61 BMFSFJ: Gender Care Gap – ein Indikator für die Gleichstellung
(27.08.2019). URL: www.bmfsfj.de/bmfsfj/themen/gleich

stellung/gender-care-gap/indikator-fuer-die-gleichstellung/gen der-care-gap-ein-indikator-fuer-die-gleichstellung-137294 (Stand: 27.04.2023)

62 Statistisches Bundesamt: Zahl der Beschäftigten im Pflegedienst in Kliniken binnen zehn Jahren um 18 % gestiegen (11.05.2022). URL: www.destatis.de/DE/Presse/Pressemitteilungen/2022/05/ PD22_N026_2313.html (Stand: 27.04.2023)

63 DAS! Magazin:»Mental Load: Wie unsichtbare Aufgaben Frauen belasten« (vom 21.04.2023) URL: www.ndr.de/fernsehen/sendun gen/das/Mental-Load-Wie-unsichtbare-Aufgaben-Frauen-belas ten,dasx32276.html (Stand: 24.04.2023)

64 Allmendinger, Jutta: Es geht nur gemeinsam! Berlin: Ullstein, 2021, S. 36.

65 Ebd.

66 Ebd.

67 vgl. Sachverständigenkommission zum Zweiten Gleichstellungs- bericht der Bundesregierung, Erwerbs- und Sorgearbeit neu ver- teilen. Gutachten für den Zweiten Gleichstellungsbericht der Bundesregierung, Berlin, 2017, S. 11 ff.

68 ZEIT – Schlieben, Michael: Das Papa-Problem der SPD (28.03.2012). URL: www.zeit.de/politik/deutschland/2012-03/sig mar-gabriel-vater-brief/komplettansicht (Stand: 27.04.2023)

69 Statista – Suhr, Frauke: Elternzeit immer noch ungleich verteilt (03.04.2023). URL: https://de.statista.com/infografik/24835/an teil-der-vaeter-in-deutschland-die-elterngeld-beziehen/#-1 (Stand: 27.04.2023)

70 FAZ – Budras, Corinna und Hank, Rainer: Macht der Kapitalis- mus uns krank? (06.07.2016). URL: www.faz.net/aktuell/wirt schaft/wirtschaftspolitik/streitgespraech-macht-der-kapitalismus- uns-krank-14308832.html#-1 (Stand: 27.04.2023)

71 Vgl. Ebd.

72 Süddeutsche – Liebrich, Silvia: Schmutzige Wäsche (21.02.2021). URL: www.sueddeutsche.de/wirtschaft/mode industrie-klimaschutz-umweltverschmutzung-chemikalien- 1.5271837?reduced=true (Stand: 27.04.2023)

73 Gräfen, Svenja: Radikale Selbstfürsorge. Jetzt! Eine feministische Perspektive, Hamburg: Eden Books/Edel, 2021, S. 45.

74 Vgl. Sandel, Michael: Vom Ende des Gemeinwohls: Wie die Leistungsgesellschaft unsere Demokratien zerreißt. Frankfurt: Fischer Verlag, 2020, S. 27.

75 Sandel, Michael: Die Tyrannei der Leistungsgesellschaft (2020). www.ted.com/talks/michael_sandel_the_tyranny_of_merit?language=de (Stand: 27.04.2023)

76 hr-fernsehen – engel fragt: »Work-Life-Balance: Wieviel arbeiten, um gut zu leben?« (03.12.2022) URL: www.ardmediathek.de/video/engel-fragt/wieviel-arbeiten-um-gut-zu-leben/hr-fernsehen/Y3JpZDovL2hyLW9ubGluZS8xNjk2MzU (Stand: 27.04.2023)

77 bpb – Beck, Ulrich: Das Zeitalter des »eigenen Lebens« (26.05.2022). URL: www.bpb.de/shop/zeitschriften/apuz/26127/das-zeitalter-des-eigenen-lebens/ (Stand: 27.04.2023)

78 Ebd.

79 Vgl. Ebd.

80 Sandel, Michael: Die Tyrannei der Leistungsgesellschaft (2020). www.ted.com/talks/michael_sandel_the_tyranny_of_merit?language=de (Stand: 27.04.2023)

81 ARD alpha – RESPEKT: »Ökospinner« oder »Umweltschützer«? Die Macht der Sprache (05.05.2023). URL: www.ardmediathek.de/video/Y3JpZDovL2JyLmRlL3ZpZGVvL2RjMjMzNjlkLTAxZGQtNGVjZithODE5LTE4ZDIoZWE5ZmFhZA (Stand: 27.04.2023)

82 Bücker, Teresa: Alle_Zeit. Berlin: Ullstein, 2022, S. 48.

83 vgl. hr-fernsehen – engel fragt: »Work-Life-Balance: Wieviel arbeiten, um gut zu leben?« (03.12.2022) URL: www.ardmediathek.de/video/engel-fragt/wieviel-arbeiten-um-gut-zu-leben/hr-fernsehen/Y3JpZDovL2hyLW9ubGluZS8xNjk2MzU (Stand: 27.04.2023)

84 vgl. Hickmann, Helen und Koneberg, Filiz: »Die Berufe mit den aktuell größten Fachkräftelücken« (12.08.2022). URL: www.iwkoeln.de/studien/helen-hickmann-filiz-koneberg-die-berufe-mit-den-aktuell-groessten-fachkraefteluecken.html (Stand: 27.04.2023)

85 Bundesministerium für Bildung und Forschung: Bildung auf einen Blick 2022. URL: www.bmbf.de/SharedDocs/Downloads/de/2022/221004-oecd-vergleichsstudie-2022.pdf?__blob=publicationFile&v=3 (Stand: 27.04.2023)

86 bpb: Geburten (10.08.2020). www.bpb.de/kurz-knapp/zahlen-
und-fakten/soziale-situation-in-deutschland/61550/geburten/
(Stand: 27.04.2023)

87 Tagesspiegel.de: Demographischer Wandel trifft den Arbeitsmarkt (21.11.2022). URL: www.tagesspiegel.
de/wirtschaft/demo
graphischer-wandel-trifft-den-arbeitsmarkt-bis-2035-rund-
sieben-millionen-arbeitskrafte-weniger-8901985.html#-1 (Stand:
27.04.2023)

88 vgl. unter anderem: www.nordschleswiger.dk/de/suedschleswig/
eltern-verzweifelt-immer-wieder-kita-gruppen-wegen-personal
mangel-geschlossen und www.merkur.de/bayern/kita-schliesst-
aus-personal-mangel-schock-eltern-kinder-fachkraefte-bay
ern-92047606.html (Stand: 27.04.2023)

89 Vgl. Instagram – Alexandra Zykunov/@alexandra___z URL:
www.instagram.com/p/CoNNdJZNO3P/?img_index=1 (Stand:
27.04.2023)

90 bpb – Kühn, Franka: Die demografische Entwicklung in
Deutschland (29.08.2017). URL: www.bpb.de/themen/soziale-
lage/demo
grafischer-wandel/196911/die-demografische-entwicklung-in-
deutschland/#-1 (Stand: 27.04.2023)

91 vgl. im Folgenden: RAA: Auswirkungen von Hate Speech und
Unterstützung für Betroffene. URL: www.raa-sachsen.de/sup
port/hatespeech/auswirkungen-von-hate-speech-und-unterstuet
zung-fuer-betroffene-5903 (Stand: 27.04.2023)

92 Ebd.

93 Ebd.

94 Zick, Andreas: Hate Speech – Definitionen, Ausprägungen, Lösungen. Wiesbaden: Springer Verlag, 2022, S. 79 f.

95 UNICUM: Generation XYZ – Eine Übersicht der Merkmale und
Touchpoints. URL: https://unicum-media.com/marketing-wiki/
generation-x-y-z/#:~:text=Die%20erste%20Generation%2C%
20bei%20der,1964%20auf%20die%20Welt%20kamen (Stand:
27.04.2023)

96 FAZ – Bernau, Patrick und Bollmann, Ralph: Generation Perfekt
(17.04.2022). URL: www.faz.net/aktuell/wirtschaft/annalena-baer
bock-und-anne-spiegel-die-generation-perfekt-17961268.html#-1
(Stand: 27.04.2023)

97 Ebd.

98 Vgl. SPIEGEL Start – Hadasik, Emily: »Lieber leben statt leisten: Mein Stress-Level ist kein Erfolgsindikator« (05.08.2019). URL: www.spiegel.de/start/leistungsgesellschaft-unser-stress-le vel-sollte-kein-bewertungssystem-sein-a-e5685349-bd97-48af-8967-5ea5b10490e9#-1 (Stand: 27.04.2023)

99 Ebd.

100 vgl. Bertelsmann Stiftung (Hrsg.), von Würzen, Barbara: Rollen und Aufgabenverteilung bei Frauen und Männern in Corona-Zeiten (03.12.2020). URL: www.bertelsmann-stiftung.de/de/pu blikationen/publikation/did/rollen-und-aufgabenverteilung-bei-frauen-und-maennern-in-corona-zeiten (Stand: 27.04.2023)

101 WZB – Allmendinger, Jutta: Der lange Weg aus der Krise (13.05.2020). URL: https://wzb.eu/de/forschung/corona-und-die-folgen/corona-studie-zeigt-die-realitaet-unter-dem-brennglas#-1 (Stand: 27.04.2023)

102 SPIEGEL – Backes, Laura und Becker, Tobias: »Homeoffice hin dert Frauen am Karrieremachen« (04.01.2021). URL: www.spiegel. de/kultur/jutta-allmendinger-zur-corona-krise-homeoffice-hin dert-frauen-am-karrieremachen-a-00000000-0002-0001-0000-000174691273#-1 (Stand: 27.04.2023)

103 Rennefanz, Sabine: Frauen und Kinder zuletzt. Berlin: Ch. Links Verlag, 2022, S. 14.

104 vgl. SPIEGEL: Corona wirft Gleichberechtigung von Frauen um Jahre zurück (31.03.2021). URL: www.spiegel.de/wirtschaft/sozia les/corona-krise-wirft-gleichberechtigung-von-frauen-um-jahre-zurueck-a-5dea4266-04e3-4f1f-b9e0-78cd4b73844c#-1 (Stand: 27.04.2023)

105 Ebd.

106 SWR – Warrlich, Siri: Chefarzt: »Seit Corona wollen mehr Kin der nicht mehr leben« (08.02.2023) URL: www.swr.de/swraktu ell/baden-wuerttemberg/stuttgart/interview-kinderpsychiater-esslingen-suizidgedanken-corona-langzeitfolgen-100.html (Stand: 28.04.2023)

107 NDR: Coronavirus-Update-Sonderfolge: Achtet auf die Kin der! (17.05.2022) URL: www.ndr.de/nachrichten/info/Coronavi rus-Update-Sonderfolge-Achtet-auf-die-Kinder,podcastcoronavi rus384.html (Stand: 28.04.2023)

108 Ebd.

109 Senatsverwaltung für Justiz, Verbraucherschutz und Antidiskri minierung: Anstieg häuslicher Gewalt und Kindesmisshandlung

im Zuge der Corona-Pandemie (02.07.2020). URL: www.ber
lin.de/sen/justva/presse/pressemitteilungen/2020/pressemittei
lung.954934.php (Stand: 28.04.2023)

110 SPIEGEL – Stokowski, Margarete: Woher kommt der Kinderhass?
(11.05.2021). URL: www.spiegel.de/kultur/kinderfeind
lichkeit-in-deutschland-woher-kommt-der-kinderhass-a-
7fd28a4b-24a9-4b6a-ac78-aebec9549755 (Stand: 28.04.2023)
111 SPIEGEL – div. Autor*innen: So geht es uns (13.02.2022). URL:
www.spiegel.de/ausland/depressionen-und-psyche-nach-zwei-
jahren-corona-pandemie-so-geht-es-uns-a-7c0dfc19-9eb7-44f9-
8163-3b7116beef17#-1 (Stand: 28.04.2023)
112 Rennefanz, Sabine: Frauen und Kinder zuletzt. Berlin: Ch. Links
Verlag, 2022, S. 26.
113 vgl. DIW: Systemrelevant, aber dennoch kaum anerkannt: Entlohnung unverzichtbarer Berufe in der Corona-Krise unterdurchschnittlich (29.06.2020). URL: www.diw.de/de/diw_01.c.792754.
de/publikationen/diw_aktuell/2020_0048/systemrelevant__
aber_dennoch_kaum_anerkannt__entlohnung_unverzichtbarer_
berufe_in_der_corona-krise_unterdurchschnittlich.html (Stand:
28.04.2023)
114 vgl. ebd.
115 TAZ – Valin, Frederic: Ihr beklatscht euch selbst (26.03.2020).
https://taz.de/Systemrelevante-Jobs-in-Coronakrise/!5670828/#-1
(Stand: 28.04.2023)
116 NDR – Panorama: Pflegenotstand: »Wir kündigen« (05.07.2022).
URL: www.ndr.de/fernsehen/sendungen/panorama_die_repor
ter/Pflegenotstand-Wir-kuendigen,sendung1269248.html (Stand:
28.04.2023)

Teil 3: Revolte statt Resignation
Wie wir Veränderung anstoßen können

1 Müller, Matthias: China hat dem Wohlstand Umwelt und Klima
geopfert. Das soll sich nun ändern – auch wegen den Chinesen
selbst (08.10.2018). URL: www.nzz.ch/meinung/die-chinesen-seh
nen-sich-nach-guter-luft-sauberem-wasser-und-gesunden-nah
rungsmitteln-ld.1426711 (Stand: 20.06.2023)
2 Vgl. Hennl, Rüdiger: Chinesische Provinz will Autos mit Ver-
brenner-Motor verbieten (24.08.2022). URL: www.br.de/nachrich

ten/deutschland-welt/hainan-in-china-will-autos-mit-verbrenner-motor-verbieten,TFPdf6B (Stand: 20.06.2023)

3 Tagesschau.de: Beispiellose Hitze und Dürre (20.04.2023). URL: www.tagesschau.de/ausland/europa/klimabericht-hitze-duerre-erderwaermung-101.html (Stand: 24.04.2023)

4 vgl. DIW: Vermögenskonzentration in Deutschland höher als bisher bekannt (15.07.2020). URL: www.diw.de/de/diw_01.c.793891. de/vermoegenskonzentration_in_deutschland_hoeher_als_bis her_bekannt.html (Stand: 24.04.2023)

5 Handelsblatt – Wieland, Joachim: Die Wiedereinführung der Vermögenssteuer ist ein Gebot der Gerechtigkeit (26.08.2019). URL: www.handelsblatt.com/meinung/kommentare/gastkommentar-die-wiedereinfuehrung-der-vermoegensteuer-ist-ein-gebot-der-ge rechtigkeit/24942932.html (Stand: 24.04.2023)

6 Ebd.

7 Vgl. BÜNDNIS 90/DIE GRÜNEN: Bundestagswahlprogramm 2021. URL: https://cms.gruene.de/uploads/documents/Wahlpro gramm-DIE-GRUENEN-Bundestagswahl-2021_barrierefrei.pdf, S. 92.

8 ZEIT ONLINE: Hohe Vermögen sind vor allem vererbt (19.10.2016). URL: www.zeit.de/wirtschaft/2016-10/reichtum-deutschland-hochvermoegen-arbeit-schenkungen-erbschaften (Stand: 31.05.2023)

9 Bundeszentrale für politische Bildung – Beckert, Jens: Neid oder soziale Gerechtigkeit? Die gesellschaftliche Umkämpftheit der Erbschaftssteuer (02.06.2017). URL: www.bpb.de/shop/zeitschrif ten/apuz/249240/neid-oder-soziale-gerechtigkeit-die-gesellschaft liche-umkaempftheit-der-erbschaftssteuer/ (Stand: 25.04.2023)

10 Ebd.

11 Ebd.

12 Süddeutsche – Bartens, Werner: Armut macht krank (17.05.2010). URL: www.sueddeutsche.de/leben/wissenschaftliche-studien-ar mut-macht-krank-1.340219 (Stand: 25.04.2023)

13 Vgl. SPIEGEL: Gesetzlicher Mindestlohn soll 2024 auf 12,41 Euro steigen (26.06.2023). URL: www.spiegel.de/wirt schaft/empfehlung-der-kommission-gesetzlicher-mindest lohn-soll-2024-auf-12-41-euro-steigen-a-ee7b757f-b0b9-4f93-9896-7573783d16e0?d=1687767284&sara_ref=re-so-app-sh (Stand: 28.06.2023)

14 Vgl. Berliner Morgenpost – Knuf, Thorsten: Mindestlohn: Sozialverband fordert Anhebung auf 14,13 Euro (09.03.2023). URL: www.morgenpost.de/wirtschaft/article237851243/min destlohn-verband-anpassung-erhoehung-forderung.html (Stand: 28.06.2023)

15 Vgl. Stuttgarter Nachrichten – Saxena, Linda: Sozialverbände: »Bürgergeld reicht nicht aus« (16.03.2023). URL: www.stuttgar ter-nachrichten.de/inhalt.abschied-von-hartz-iv-sozialverbaende-buergergeld-reicht-nicht-aus.f156838f-bbd7-4c26-8498-7b65540577ec.html (Stand: 28.06.2023)

16 Vgl u. a. rbb 24 – Barthel, Ute und Göbel, Jana: Angebot an bezahlbaren Wohnungen für Normalverdiener stark gesunken (19.04.2023). URL: www.rbb24.de/wirtschaft/beitrag/2023/04/ wohnungsnot-mittlere-einkommen-berlin-foerderpolitik-mie ten.html (Stand: 28.06.2023) und Süddeutsche – Preuß, Roland: »Die Wohnungsnot kommt in der Mittelschicht an« (12.10.2022). URL: www.sueddeutsche.de/politik/wohnen-mietwohnungen-mittelschicht-mangel-1.5672350 (Stand: 28.06.2023)

17 Vgl. z. B. Diskussionspapier: Modulares Grundeinkommen – Chance für den deutschen Sozialstaat und für Bündnis 90/Die Grünen (31.05.2007). URL: www.ines-brock.de/data/pro jekte/gruenen/ModularesGrundeinkommen_1_.pdf (Stand: 28.06.2023)

18 vgl. Netzwerk Grundeinkommen – Grundbegriffe. www.grund einkommen.de/grundeinkommen/grundbegriffe (Stand: 28.04.2023)

19 Vgl. ZEIT – Fratzscher, Marcel: Eine Linderung für Zukunftssorgen (02.06.2023). URL: www.zeit.de/wirtschaft/2023-06/bedingungslo ses-grundeinkommen-soziale-ungleichheit-umverteilung (Stand: 28.06.2023)

20 BMFSFJ – Lisa Paus: »Es ist Zeit für eine Kindergrundsiche rung« (07.06.2022). URL: www.bmfsfj.de/bmfsfj/aktuelles/reden-und-interviews/lisa-paus-es-ist-zeit-fuer-eine-kindergrundsiche rung--198492 (Stand: 25.04.2023)

21 UNICEF Vergleichsstudie 2012: Kinderarmut in reichen Ländern: Mittelplatz für Deutschland. URL: www.unicef.de/_cae/ resource/blob/9298/c7cd8eee86d075a119b7fe104abf0728/rc-10-kinderar mut-reiche-laender-zusammenfassung-2012-pdf-data.pdf (Stand: 25.04.2023)

22 Vgl. Stern – Hauser, Uli: Wie Schule kindliche Neugier abwürgt (04.11.2013). URL: www.stern.de/familie/familienbande/schule/frust-statt-lernlust-wie-schule-kindliche-neugier-abwu ergt-3308644.html (Stand: 28.06.2023) Und ein Erfahrungs-bericht in dem Magazin StadtLandKind.info: »Was, verdammt noch mal, läuft falsch in unserem Schulsystem?« (12.10.2016). URL: www.stadtlandkind.info/was_laeuft_falsch_im_schulsys-tem/ (Stand: 28.06.2023)

23 Bundeszentrale für politische Bildung – Kerbel, Barbara: Das Di-lemma mit den Schulnoten (01.04.2016) URL: www.bpb.de/the men/bildung/dossier-bildung/213307/das-dilemma-mit-den-schulnoten/?p=all (Stand: 28.04.2023)

24 Czerny, Sabine: Kinder brauchen Beziehung! (15.11.2019) URL: https://deutsches-schulportal.de/kolumnen/kinder-brauchen-be ziehung/ (Stand: 28.04.2023)

25 Gemischtes Hack – #210 Zahlen sind nicht mein Sport (07.02.2023) https://open.spotify.com/episode/6IEdfgYG MUWbhf5BBIphCX (ab 1:01:40) (Stand: 28.04.2023)

26 Tagesspiegel.de – Keilani, Fatina: Gemeinschaftsschulen: Studie: Zusammen lernen bringt alle voran (30.08.2012) URL: www.ta gesspiegel.de/berlin/studie-zusammen-lernen-bringt-alle-vo ran-2193736.html (Stand: 28.04.2023)

27 Vgl. Bundestag: Vor- und Nachteile der Gesamtschule bzw. des dreigliedrigen Schulsystems (23.11.2006). URL: www.bundestag.de/resource/blob/415418/fbae4a80b8f046f9f9ed7220225bb131/wd-8-231-06-pdf-data.pdf (Stand: 28.06.2023)

28 Vgl. Dr. Otto Seydel Institut für Schulentwicklung: Warum sollen Schüler länger gemeinsam lernen? (12/2009). URL: www.schulent wicklung-net.de/images/stories/Anlagen/103a_LaengeresGemein samesLernen_BK.pdf (Stand: 28.06.2023)

29 SPIEGEL – Fokken, Silke: So sortiert Deutschland seine Kinder aus (13.05.2017). URL: www.spiegel.de/lebenundlernen/schule/bayern-auslese-fuers-gymnasium-belastet-grundschueler-und-el tern-a-1145393.html (Stand: 28.04.2023)

30 Hochschul-Bildungs-Report 2020: Chancen für Nichtakademi-kerkinder. URL: www.hochschulbildungsreport2020.de/chancen-fuer-nichtakademikerkinder (Stand: 28.04.2023)

31 Schleswig-Holsteinischer Landtag: Landtag gibt grünes Licht für »Studienstarthilfe« (03/2021). URL: www.landtag.ltsh.de/nachrichten/21_03_studienstarthilfe/ (Stand: 17.07.2023)

32 Vgl. Antidiskriminierungsstelle des Bundes: Diskriminierungserfahrungen in Deutschland (12/2017). URL: www.antidiskriminierungsstelle.de/SharedDocs/downloads/DE/publikationen/Expertisen/expertise_diskriminierungserfahrungen_in_deutschland.pdf?__blob=publicationFile&v=6, ab S. 280 ff. (Stand: 28.06.2023)

33 Küpper, Beate und Zick, Andreas (Hg.): Die geforderte Mitte. Bonn: J. H. W. Dietz Nachf. GmbH, 2021. URL: www.fes.de/index.php?eID=dumpFile&t=f&f=78925&token=eb588a6bb6d9b528b8f13b53c5f3642cf896db55 (Stand: 27.04.2023)

34 Vgl. Verband der Beratungsstellen für Betroffene rechter, rassistischer und antisemitischer Gewalt: Rechte, rassistische und antisemitische Gewalt in Deutschland 2022 – Jahresbilanzen der Opferberatungsstellen (09.05.2023). URL: https://verband-brg.de/rechte-rassistische-und-antisemitische-gewalt-in-deutschland-2022-jahresbilanzen-der-opferberatungsstellen/

35 Die Beauftragte der Bundesregierung für Migration, Flüchtlinge und Integration und Beauftragte für Antirassismus: »Antirassismus ist systemrelevant für unsere Demokratie« (11.01.2023). URL: www.integrationsbeauftragte.de/ib-de/medien/presse/pressemitteilungen/-antirassismus-ist-systemrelevant-fuer-unsere-demokratie--2157014 (Stand: 28.06.2023)

36 Ogette, Tupoka: Und jetzt du. Zusammen gegen Rassismus, München: Penguin, 2023 (Taschenbuchausgabe), S. 210.

37 Vgl. Beigang, Steffen; Fetz, Karolina; Kalkum, Dorina; Otto, Magdalena (2017): Diskriminierungserfahrungen in Deutschland. Ergebnisse einer Repräsentativ- und einer Betroffenenbefragung. Hg. v. Antidiskriminierungsstelle des Bundes. Baden-Baden: Nomos, S. 298. URL: www.antidiskriminierungsstelle.de/SharedDocs/downloads/DE/publikationen/Expertisen/expertise_diskriminierungserfahrungen_in_deutschland.pdf?__blob=publicationFile&v=6 (Stand: 04.07.2023)

38 https://raa-berlin.de/ (Stand 25.04.2023)

39 vgl. u. a. Ogette, Tupoka: Und jetzt du. Zusammen gegen Rassismus, München: Penguin, 2023 (Taschenbuchausgabe), S. 211.

40 Wernicke, Christian: Kaum Schulungen zu Rassismus und Antisemitismus bei der Polizei (05.08.2022). URL: www.sueddeutsche.

de/politik/polizei-studie-schulung-rassismus-1.5634140 (Stand: 25.04.2023)

41 ZDF Berlin direkt: Söder: »Polizisten sind die Guten« (19.07.2020). URL: www.zdf.de/politik/berlin-direkt/sommerinterview-soeder-polizei-100.html (Stand: 28.06.2023)

42 Bundeszentrale für politische Bildung: Info 05.07 Das Allgemeine Gleichbehandlungsgesetz (30.11.2007). URL: www.bpb.de/lernen/angebote/grafstat/projekt-integration/134606/info-05-07-das-allgemeine-gleichbehandlungsgesetz/ (Stand: 28.04.2023)

43 Grüne Berlin: Plural nach vorne (Diversity Umfrage 2020). URL: https://gruene.berlin/fileadmin/BE/lv_berlin/LV_Berlin_Dokumente/zentrale_Dokumente_Landesverband/b90dgr_diversity_umfrage_092020.pdf (Stand: 29.04.2023)

44 Vgl. Die Beauftragte der Bundesregierung für Migration, Flüchtlinge und Integration und Beauftragte für Antirassismus: Diversitätsstrategie für die Bundesverwaltung (08/2021). URL: www.integrationsbeauftragte.de/ib-de/integrationsarbeit-in-den-bereichen/vielfalt-im-oeffentlichen-dienst/diversitaetsstrategie-fuer-die-bundesverwaltung-1948004 (Stand: 28.06.2023)

45 Stokowski, Margarete: Untenrum frei. Hamburg: Rowohlt Taschenbuch, 2018, S. 160.

46 bff—»make it work – then make it better!« – Bei Gewalt am Arbeitsplatz gibt es Hilfe!. URL: www.frauen-gegen-gewalt.de/de/aktionen-themen/make-it-work.html (Stand: 28.06.2023)

47 Statistisches Bundesamt: Neuer Indikator »Gender Gap Arbeitsmarkt« erweitert den Blickwinkel auf Verdienstungleichheit (06.03.2023). URL: www.destatis.de/DE/Presse/Pressemitteilungen/2023/03/PD23_084_621.html (Stand: 29.04.2023)

48 vgl. u. a. Studie der Friedrich-Ebert-Stiftung: Vaterschaftsurlaub und der Anteil von Vätern an der Elternzeit in Island. URL: https://library.fes.de/pdf-files/id/09458.pdf (Stand: 26.04.2023)

49 Tagesschau – Frühauf, Sarah: Sonderurlaub nach Geburt des Kindes (31.03.2023). URL: www.tagesschau.de/inland/innenpolitik/familienstartzeitgesetz-paus-sonderurlaub-101.html (Stand: 29.04.2023)

50 Bundeszentrale für politische Bildung – Gärtner, Marc und Scambor, Elli: Caring Masculinities (30.10.2020). URL: www.bpb.de/shop/zeitschriften/apuz/care-arbeit-2020/317852/caring-masculinities/ (Stand: 29.04.2023)

51 vgl. BMFSFJ: »Eine verbindliche Quote wirkt, freiwillig tut sich nichts« (18.11.2020). URL: www.bmfsfj.de/bmfsfj/aktuelles/alle-meldungen/eine-verbindliche-quote-wirkt-freiwillig-tut-sich-nichts-162424 (Stand: 26.04.2023)

52 vgl. Bundeszentrale für politische Bildung – Prof. Dr. Lembke, Ulrike: Neue Modelle: Die Idee eines Paritätsgesetzes in Deutschland (12.11.2018). URL: www.bpb.de/themen/zeit-kulturgeschichte/frauenwahlrecht/279363/neue-modelle-die-idee-eines-paritaetsgesetzes-in-deutschland/#node-content-title-1 (Stand: 29.04.2023)

53 Stokowski, Margarete: Untenrum frei. Hamburg: Rowohlt Taschenbuch, 2018, S. 228.

54 vgl. Bude, Heinz: Solidarität – Die Zukunft einer großen Idee, Hanser Verlag, München, 2019

55 Business Insider – Bhattacharya, Shriya: Studie: Fast die Hälfte der Gen Z und Millennials wäre lieber arbeitslos als unglücklich im Job (10.04.2022). URL: www.businessinsider.de/karriere/arbeitsleben/studie-fast-die-haelfte-der-gen-z-und-millennials-waere-lieber-arbeitslos-als-ungluecklich-im-job-a/ (Stand: 29.04.2023)

56 Vgl. ebd.

57 EMOTION – Dunst, Anna: Ist es unfair, dass Arbeitgeber gerade alles auf die Gen Z ausrichten? (10.03.2023). URL: www.emotion.de/leben-arbeit/ist-es-unfair-dass-arbeitgeber-alles-auf-gen-z-ausrichten (Stand: 29.04.2023)

58 Deutschlandfunk Kultur – Schielke, Mandy: Warum uns Unvollkommenheit voranbringen kann (30.01.2023). URL: www.deutschlandfunkkultur.de/fehlerkultur-politik-scheitern-100.html (Stand: 29.04.2023)

59 Statistisches Bundesamt: Erwerbstätige, die mehr als eine Tätigkeit ausüben. URL: www.destatis.de/DE/Themen/Arbeit/Arbeitsmarkt/Qualitaet-Arbeit/Dimension-3/zweitjobl.html (Stand: 29.04.2023)

60 Bündnis 90/Die Grünen – Sitzung des Länderrats: Grüne Zeitpolitik für ein selbstbestimmtes und solidarisches Leben (25.04.2015). URL: https://cms.gruene.de/uploads/documents/Beschluss_Zeitpolitik.pdf (Stand: 29.04.2023)

61 vgl. Wirtschaftswoche – Heming, Tristan: So funktioniert die 4-Tage-Woche in Island (11.07.2021). URL: www.wiwo.de/erfolg/

beruf/arbeitszeit-reduzieren-so-funktioniert-die-4-tage-woche-in-island/27406908.html (Stand: 29.04.2023)

62 Ebd.

63 Augsburger Allgemeine – Vier-Tage-Woche im Überblick: Wo gibt es sie und was sagen Studien? (22.02.2023). URL: www.augsburger-allgemeine.de/geld-leben/4-tage-woche-studien-und-laendervergleich-id65305176.html (Stand: 29.04.2023)

64 Studienergebnisse: The Results are in: The UK's four-day week pilot (02/2023). URL: https://static1.squarespace.com/static/60b956cbe7bf6f2efd86b04e/t/63f3df56276b3e6d7870207e/1676926845047/UK-4-Day-Week-Pilot-Results-Report-2023.pdf (Stand: 29.04.2023). Übersetzung durch die Autorin.

65 Tagesschau – Mannweiler, Antonia: Was bringt die Vier-Tage-Woche?. URL: www.tagesschau.de/wirtschaft/vier-tage-woche-unternehmen-ig-metall-101.html (Stand: 29.04.2023)

66 Hier und im Folgenden: Wirtschaftswoche – Heming, Tristan: So funktioniert die 4-Tage-Woche in Island (11.07.2021). URL: www.wiwo.de/erfolg/beruf/arbeitszeit-reduzieren-so-funktioniert-die-4-tage-woche-in-island/27406908.html (Stand: 29.04.2023)

67 Studie: Going Public: Iceland's Journey to a Shorter Working Week (06/2021). URL: https://autonomy.work/wp-content/uploads/2021/06/ICELAND_4DW.pdf (Stand: 29.04.2023)

68 Wirtschaftswoche – Heming, Tristan: So funktioniert die 4-Tage-Woche in Island (11.07.2021). URL: www.wiwo.de/erfolg/beruf/arbeitszeit-reduzieren-so-funktioniert-die-4-tage-woche-in-island/27406908.html (Stand: 26.04.2023)

69 BILD – Block, Thomas und Hellemann, Angelika: Sigmar Gabriel erklärt, warum wir länger arbeiten müssen (23.07.2022). URL: www.bild.de/bild-plus/politik/inland/politik-inland/sigmar-gabriel-hier-erklaert-der-er-warum-wir-laenger-arbeiten-muessen-80792788.bild.html (Stand: 26.04.2023)

70 Focus – Pawlak, Carin: »Das ist Geiselhaft aller Beschäftigten in Deutschland« (16.03.2023). www.focus.de/kultur/kino_tv/tv-kolumne-hart-aber-fair-arbeitgeber-chef-zu-streiks-das-ist-geiselhaft-aller-beschaeftigten-in-deutschland_id_188285922.html (Stand: 29.04.2023)

71 NDR – Below, Corinna: Vorreiter: Wedel führt Vier-Tage-Woche ein (14.04.2023). URL: www.ndr.de/nachrichten/schleswig-

holstein/Die-Stadt-Wedel-hat-entschieden-Vier-Tage-Woche-kommt,viertagewoche120.html (Stand: 29.04.2023)

72 ELLE UK – Burrell, Jessica: Quiet Quitting Needs A Rebrand. We Should Try ›Roller Coasting‹ Instead (07.09.2022). URL: www.elle.com/uk/life-and-culture/a41103275/quiet-quitting-rebrand-roller-coasting/ (Stand: 29.04.2023)

73 brand eins – Frey, Carina: »Es geht um persönliche Entwicklung und Entfaltung, um Möglichkeiten der Umorientierung«. URL: www.brandeins.de/magazine/brand-eins-wirtschaftsmagazin/2023/neue-lebensplanung/karin-jurczyk-es-geht-um-persoenliche-entwicklung-und-entfaltung-um-moeglichkeiten-der-umorientierung?utm_source=linkedin&utm_medium=post&utm_campaign=100jahre&utm_content=zitat_jurczyk (Stand: 20.04.2023)

74 Vgl. u. a.: Süddeutsche – von Bullion, Constanze und Mayer, Verena im Gespräch mit Allmendinger, Jutta: »Man arbeitet jede Woche etwas weniger – dann bleibt Platz für andere Dinge« (29.12.2015). URL: www.sueddeutsche.de/karriere/soziologin-jutta-allmendinger-man-arbeitet-jede-woche-etwas-weniger-dann-bleibt-auch-platz-fuer-andere-dinge-im-leben-1.2785976-0#seite-3 (Stand: 28.06.2023) und FAZ – Allmendinger, Jutta: Mehr Unordnung, bitte! (05.05.2015). URL: www.faz.net/aktuell/karriere-hochschule/buero-co/andere-lebenseinteilung-hilft-gegen-zeitmangel-13621326.html (Stand: 28.06.2023)

75 DIW: Das größte Potenzial auf dem Arbeitsmarkt sind die Frauen (19.08.2022). URL: www.diw.de/de/diw_01.c.850076.de/nachrichten/das_groesste_potenzial_auf_dem_arbeitsmarkt_sind_die_frauen.html (Stand: 29.04.2023)

76 vgl. DIW: Wie wir den Arbeitskräftemangel beheben können (22.07.2022). URL: www.diw.de/de/diw_01.c.848705.de/nachrichten/wie_wir_den_arbeitskraeftemangel_beheben_koennen.html (Stand: 29.04.2023)

77 Bundeszentrale für politische Bildung – Gärtner, Marc und Scambor, Elli: Caring Masculinities (30.10.2020). URL: www.bpb.de/shop/zeitschriften/apuz/care-arbeit-2020/317852/caring-masculinities/ (Stand: 29.04.2023)

78 vgl. Hickmann, Helen / Koneberg, Filiz: Die Berufe mit den aktuell größten Fachkräftelücken, IW-Kurzbericht, 2022, Nr. 67, Köln.

79 Initiative Klischeefrei: Über die Initiative. URL: www.klischeefrei.de/de/klischeefrei_53000.php (Stand: 29.04.2023)

80 Bundesministerium für Arbeit und Soziales: Kabinett beschließt neues Fachkräfte-Einwanderungs-Gesetz (29.03.2023). URL: www.bmas.de/DE/Service/Presse/Pressemitteilungen/2023/ka binett-beschliesst-neues-fachkraefteeinwanderungsgesetz.html (Stand: 28.06.2023)

Teil 4: Die Umkehr lohnt sich
Wie wir endlich etwas bewegen

1 Sinus Jugendforschung: Ergebnisse einer Repräsentativ-Umfrage unter Jugendlichen 2022/2023 (11/2022). URL: www.barmer.de/re source/blob/1158160/1af3551761a2a83cd033c41bdd80dfd5/dl-si nus-jugendstudie-data.pdf (Stand: 29.04.2023)
2 ZEIT Podcast »Alles gesagt?«: Sascha Lobo, warum brauchen wir ein neues soziales Netzwerk? (06.12.2022). URL: www.zeit.de/ge sellschaft/2022-12/sascha-lobo-interviewpodcast-alles-gesagt (ab 5:12:18) (Stand: 29.04.2023)
3 Gräfen, Svenja: Radikale Selbstfürsorge. Jetzt! Eine feministische Perspektive, Hamburg: Eden Books, Edel Verlagsgruppe, 2021, S. 117.
4 Ebd.

Selbstbewusst, sichtbar, selbstbestimmt!

Das Buch der meinungsstarken Journalistin und Autorin Anne Dittmann bietet Halt, Trost und Empathie sowie Orientierung und Ermutigung in einer neuen Lebensphase.

Eine Mischung aus Donnerwetter und Liebeserklärung an die feministische Diskussion

»Stevie Schmiedel macht, wonach ich mich immer gesehnt habe: Sie baut Brücken über sich jäh erweiternde Abgründe. Denn nur so kommen wir voran.«
Mithu Sanyal, Kulturwissenschaftlerin, Autorin, Journalistin

www.koesel.de

Zahlen haben Macht über uns

Basierend auf neuesten Forschungsergebnissen zeigen die Autoren, wie Zahlen immer weiter in unser Leben vordringen und wie wir das sogar für uns nutzen können.

www.koesel.de